Holt Spanish 1

Cuaderno de vocabulario y gramática

HOLT, RINEHART AND WINSTON

A Harcourt Education Company

Orlando • **Austin** • New York • San Diego • Toronto • London

Reviewer
Mayanne Wright

ISBN 0-03-074496-2

38 39 1689 16 15

4500520693

Table of Contents

Capítulo 1
Vocabulario 1 1
Gramática 1 4
Vocabulario 2 7
Gramática 2 10

Capítulo 2
Vocabulario 1 13
Gramática 1 16
Vocabulario 2 19
Gramática 2 22

Capítulo 3
Vocabulario 1 25
Gramática 1 28
Vocabulario 2 31
Gramática 2 34

Capítulo 4
Vocabulario 1 37
Gramática 1 40
Vocabulario 2 43
Gramática 2 46

Capítulo 5
Vocabulario 1 49
Gramática 1 52
Vocabulario 2 55
Gramática 2 58

Capítulo 6
Vocabulario 1 61
Gramática 1 64
Vocabulario 2 67
Gramática 2 70

Capítulo 7
Vocabulario 1 73
Gramática 1 76
Vocabulario 2 79
Gramática 2 82

Capítulo 8
Vocabulario 1 85
Gramática 1 88
Vocabulario 2 91
Gramática 2 94

Capítulo 9
Vocabulario 1 97
Gramática 1 100
Vocabulario 2 103
Gramática 2 106

Capítulo 10
Vocabulario 1 109
Gramática 1 112
Vocabulario 2 115
Gramática 2 118

¡Empecemos!

1 Today is the first day of school, and you are getting to know your teacher and classmates. Match each situation to the expression you would use.

_____ **1.** to introduce yourself

_____ **2.** to ask who a certain girl is

_____ **3.** to ask a classmate his name

_____ **4.** to tell who another boy is

_____ **5.** to ask someone a boy's name

_____ **6.** to ask the teacher her name

_____ **7.** to say who the girl next to you is

a. ¿Cómo te llamas?
b. Él es Pedro.
c. Ella es Elsa.
d. ¿Cómo se llama él?
e. Soy *(your name)*.
f. ¿Quién es ella?
g. ¿Cómo se llama usted?

2 Write how you would greet each person below. Be sure to ask some people how they're doing.

1. Mr. Tanaka, in the morning _____

2. Your friend, at school _____

3. Mrs. Wilson, in the afternoon _____

4. Mrs. García, in the evening _____

5. Mr. Acero, before noon _____

3 Look at the illustrations. Then provide an appropriate response to tell how each person is feeling, following the **modelo.**

MODELO
—Buenos días, señora. ¿Cómo está usted?
—**Estoy bien, gracias.**

1. —Hola, Luisa. ¿Cómo estás?

_____

2. —Hola, Bernardo. ¿Qué tal?

_____

3. —Buenas tardes, señora. ¿Cómo está usted?

_____

MODELO

1.

2.

3.

4 Marissa and her friends are saying good-bye after a party. Can you think of five different expressions they might use? The first one has been done for you.

   1. Marissa: **Tengo que irme.** _____

   2. Carlos: _____

   3. Alexis: _____

   4. Reba: _____

   5. Zula: _____

5 Verónica is looking at a friend's pictures and wants to know who each person is. Write her friend's response for each picture. The first one has been done for you.

1. Patty   **2. Carlos**   **3. Makiko**   **4. mi amiga Ani**   **5. mi amigo Juan**

   1. ¿Quién es ella? **Ella es Patty.** _____

   2. ¿Quién es el muchacho? _____

   3. ¿Quién es ella? _____

   4. ¿Quién es la muchacha? _____

   5. ¿Quién es él? _____

6 For each of the expressions below, write one (in Spanish) with the same or a very similar meaning.

   1. ¿Qué tal? _____

   2. Soy Alejandra. _____

   3. Hasta pronto. _____

   4. ¿Cómo se llama él? _____

7 Choose the correct ending for each incomplete sentence.

MODELO ___b___ Julián es _____ .
    a. regular   **b.** un amigo   **c.** una profesora

_____ **1.** Alicia es mi _____ .
    a. compañero de clase **b.** profesor de ciencias **c.** mejor amiga

_____ **2.** Éste es _____ .
    a. Claudio   **b.** la señora López   **c.** encantado

_____ **3.** Ella se llama _____ .
    a. mi mejor amiga   **b.** Antonio   **c.** Ana María

_____ **4.** Ésta es _____ .
    a. encantada   **b.** la señora Escamilla **c.** un amigo

8 Look at the chart below and write the questions to the answers given. The first one has been done for you.

Jessica	Jennifer	Iván	Señora Ruiz
Estados Unidos	Costa Rica	Puerto Rico	Bolivia

  1. **¿De dónde eres tú, Jessica?** _____ Yo soy de Estados Unidos.

  2. _____ Ella es de Costa Rica.

  3. _____ Él es de Puerto Rico.

  4. _____ Yo soy de Bolivia.

9 Marla is introducing her friends to Julián. Fill in the blanks with appropriate expressions to complete their conversation.

Marla   Victoria, éste es Julián.

Victoria Hola, Julián.

Julián   (1)_____

Victoria ¿De dónde eres, Julián?

Julián   (2)_____ Cuba. ¿Y tú?

             (3)¿_____ eres?

Victoria Soy de San Francisco, California.

Marla   Julián, (4)_____ Angélica.

Julián   (5)_____

Angélica (6)_____

¡Empecemos!

GRAMÁTICA 1

Subjects and verbs in sentences

- The **subject** of a sentence is the person, place, or thing being described or performing an action. It can be a noun or a pronoun (a word that replaces a noun such as **él** or **ella**).

  El señor Garza es profesor de español.   **Él** es de España.
  Mr. Garza is a Spanish teacher.   *He is from Spain.*

- The **verb** is the action the subject is performing or the word that connects the subject to a description (a word like **soy/eres/es**).

  Alicia **es** estudiante.   Yo **soy** de México.
  Alicia is a student.   *I am from Mexico.*

- In Spanish, the subject can be left out if it is clear who or what is being described.

  Juan es mi amigo. **Él** es de Paraguay. *or* Es de Paraguay.
  Juan is my friend. He is from Paraguay.

---

10 Write the subject and the verb of each sentence on the lines that follow it.

MODELO Mi amigo es de España. subject: **Mi amigo** verb: **es**

1. Yo soy Vicente. subject: _____ verb: _____

2. Marta es mi compañera de clase. subject: _____ verb: _____

3. Ella es de California. subject: _____ verb: _____

4. El señor Porta es mi profesor. subject: _____ verb: _____

5. Él es el señor Ortiz. subject: _____ verb: _____

11 Unscramble each set of words to make a complete sentence. Capitalize letters and add punctuation where appropriate.

MODELO es / Bolivia / mi amiga / de **Mi amiga es de Bolivia.**

1. de / Javier / México / es

_____

2. es / mi mejor amiga / ella

_____

3. mi profesor / es / él / de ciencias

_____

4. una compañera / Rosa / de clase / es

_____

GRAMÁTICA 1

┌───┐
│ **Subject pronouns in Spanish**   │
│   │
│ *One person*   *More than one person*   │
│ **yo**   *I*   **nosotros** (males or mixed group)   *we* │
│   **nosotras** (all female)   │
│   │
│ **tú** (familiar)   *you*   **vosotros** (all males or mixed group, in Spain) *you* │
│ **usted** (formal)   **vosotras** (all females, in Spain)   │
│   **ustedes** (males and/or females)   │
│   │
│ **él**   *he*   **ellos** (males or mixed group)   *they*│
│ **ella**   *she*   **ellas** (all female)   │
└───┘

12 What pronoun would you use to *talk to* these people? The first one has been done for you.

1. your friend's father _____**usted**_____   **4.** two classmates _____

2. your friend _____   **5.** a group of school children

3. a group of several girls   in Spain _____

    from Spain _____   **6.** your teacher_____

13 What pronoun would you use to *talk about* these people? The first one has been done for you.

1. your two best friends, both   **4.** yourself _____

    female _____**ellas**_____   **5.** your sister _____

2. your big brothers _____   **6.** your father _____

3. your two neighbors, a boy and   **7.** your uncle, your aunt,

    a girl _____   and yourself _____

14 Write the pronoun that you would use for each of the following subjects in Spanish.

MODELO Elvira y tú **ustedes**

1. Ricky _____

2. Mis amigas y yo *(all girls)* _____

3. Víctor y Ricardo _____

4. Julieta _____

5. Robert y tú *(in Spain)* _____

6. Rosa y Mónica _____

5

GRAMÁTICA 1

15 Look at the following list of subject pronouns and check all the boxes that apply to each. The first one has been done for you.

Subject pronoun	One person	More than one person	Male(s)	Female(s)	Males and females
Ellos		X	X		X
Ella					
Ustedes					
Ellas					
Nosotras					
Usted					
Nosotros					
Él					
Vosotras					
Tú					
Vosotros					

16 Rewrite the following sentences by replacing the subject with a pronoun.

MODELO Mariano es de Ecuador. **Él es de Ecuador.**

1. Doug es un estudiante de San Francisco, California.

_____

2. La muchacha es mi amiga.

_____

3. Bruce y Roberto son *(are)* estudiantes.

_____

4. Maribel y yo somos *(are)* de España.

_____

17 In the conversation below, write on each line the subject pronoun that has been left out. The first one has been done for you.

Cristina Hola. Soy Cristina Ochoa. (1)_____Yo_____

Éste es mi amigo. Se llama Malcolm. (2)_____

Antonela Me llamo Antonela. (3)_____

Ésta es Gloria. Es mi amiga. (4)_____

¡Empecemos!

18 Write out the number represented by each group of objects.

★★★ ★★	●●● ●●● ●●●	★	●● ●●● ●●	★★ ★
_____	_____	_____	_____	_____
● ● ●	★★★ ★★★ ★★★	●● ●●	★★★ ★★★★ ★★★	●●● ●●●
_____	_____	_____	_____	_____

19 Solve the following problems. Write out your answers in Spanish.

11 + 5 = _____   2 + 10 = _____

12 + 6 = _____   30 ÷ 2 = _____

5 × 4 = _____   5 × 5 = _____

6 + 11 = _____   30 − 8 = _____

13 + 6 = _____   20 + 11 = _____

8 + 3 = _____   36 − 10 = _____

20 − 7 = _____   5 − 5 = _____

2 × 7 = _____   12 × 2 = _____

20 Nina is gathering contact information from Dimitri for her Spanish class.
Complete their conversation by providing her questions. The first one has been
done for you.

1. **Nina**   **¿Cuál es tu teléfono, Dimitri?** _____

   Dimitri Mi teléfono es 725-2201.

2. **Nina**   _____

   Dimitri El teléfono de José Luis es 917-2815.

3. **Nina**   _____

   Dimitri El correo electrónico de Ed es ed3@hi.net.

4. **Nina**   _____

   Dimitri Mi correo electrónico es dima@xpr.com.

21 Write the following times in numerals. Indicate whether it is morning, afternoon, or evening with A.M. or P.M.

MODELO Son las cuatro y media de la tarde. **4:30 P.M.**

1. Son las nueve y cuarto de la noche. _____

2. Es mediodía. _____

3. Son las diez y veinte de la noche. _____

4. Son las tres menos cuarto de la tarde. _____

5. Es la una de la tarde. _____

6. Son las nueve menos diez de la mañana. _____

7. Es medianoche. _____

8. Son las cinco y cinco de la tarde. _____

9. Son las seis y diez de la mañana. _____

10. Es la una y media de la tarde. _____

22 Write in Spanish what time it is for each of the clocks pictured.

MODELO Son las tres y veinticinco.

| MODELO | 1. | 2. | 3. | 4. | 5. |

1. _____

2. _____

3. _____

4. _____

5. _____

23 Write the day of the week that comes before each one given.

1. _____ domingo

2. _____ martes

3. _____ jueves

4. _____ lunes

5. _____ sábado

6. _____ miércoles

7. _____ viernes

VOCABULARIO 2

24 Write out the dates below in Spanish. Use complete sentences.

> **MODELO** 2/4 **Es el cuatro de febrero.**

1. 4/17 _____
2. 6/01 _____
3. 9/25 _____
4. 3/12 _____
5. 12/15 _____
6. 10/18 _____
7. 1/29 _____
8. 7/21 _____
9. 11/10 _____
10. 2/11 _____
11. 5/13 _____
12. 8/30 _____

25 Write the question that goes with each answer.

1. _____ Hoy es miércoles.
2. _____ Es el primero de septiembre.
3. _____ Son las dos y veinte.

26 Answer the following questions in complete sentences.

1. ¿Cómo te llamas?_____
2. ¿Cómo se escribe tu nombre *(your name)*?_____
   _____
3. ¿De dónde eres?_____
4. ¿Cuál es tu correo electrónico?_____
5. ¿Cuál es tu teléfono?_____
6. ¿Cuál es el correo electrónico de tu mejor amigo/amiga?_____
   _____
7. ¿Cuál es el teléfono de tu mejor amigo/amiga?_____
   _____

¡Empecemos!

The verb *ser*

- Changing a verb form to match its subject is called **conjugating.** This is the conjugation of **ser** *(to be)* in the present tense.

yo **soy**	*I am*	nosotros(as) **somos**	*we are*
tú **eres**	*you are*	vosotros(as) **sois**	*you are* (Spain)
usted **es**	*you are*	ustedes **son**	*you are*
él **es**	*he is*	ellos **son**	*they are*
ella **es**	*she is*	ellas **son**	*they are*

- The conjugated forms are used with nouns or their corresponding pronouns.

    El señor González **es** de Chile. *or* Él **es** de Chile. *or* El profesor **es** de Chile.

- Remember that Spanish speakers sometimes leave out the subject pronoun.

    Es de Chile.
    He's from Chile.

- To make a sentence say the opposite, place **no** just before the verb.

    No estoy bien. Estoy mal.

27 Juan is conducting today's meeting of the Spanish Club. Match the phrases in the left and right columns to complete his conversations.

_____ **1.** Hola. Yo _____.

_____ **2.** Hoy _____.

_____ **3.** Son las _____.

_____ **4.** Nosotros _____.

_____ **5.** Magdalena _____.

_____ **6.** Fánor y Elio _____.

_____ **7.** ¿De dónde _____?

_____ **8.** Y tú, Alfredo, ¿_____?

a. son de México
b. es la profesora Jalil
c. de dónde eres
d. soy Juan Quintero
e. es de Perú
f. es martes
g. somos estudiantes de español
h. cuatro y media

28 Alicia is sending her friend Omar a letter and some pictures. Write the correct form of the verb **ser** for each sentence below.

Ésta (**1**)_____ Mariana Gálvez. Ella (**2**)_____ mi mejor

amiga. Ella y su familia *(family)* (**3**)_____ de Guatemala. Mariana y yo

(**4**)_____ estudiantes del 10º grado *(tenth grade)*. El señor y la señora

Gálvez (**5**)_____ profesores de ciencias. Yo (**6**)_____ una

estudiante en la clase de la señora Gálvez.

  10

GRAMÁTICA 2

29 Rewrite each sentence to say the opposite of what it says now. Be sure to place **no** in the appropriate place. Use the **modelo** to get started.

MODELO Yo soy de California. **Yo no soy de California.**

1. Mi teléfono es 212-3506. _____

2. Hoy es domingo. _____

3. Vosotros sois de Puerto Rico. _____

4. Usted es mi profesor. _____

5. Hoy es el primero de agosto. _____

30 Write complete sentences by matching phrases from each of the three columns. Use each phrase at least once. The first one has been done for you.

Usted	soy	estudiante
Yo	eres	mis amigos
Laura	es	mi profesor
Ustedes	somos	mi mejor amiga
Vosotros	sois	estudiantes
El señor Ortega	son	de Bolivia
Josué y Reynaldo		compañeros de clase
Tú		
Nosotras		

1. **Usted es de Bolivia.** _____

2. _____

3. _____

4. _____

5. _____

6. _____

7. _____

8. _____

9. _____

GRAMÁTICA 2

Punctuation marks

In Spanish, upside-down **question marks** (¿) and **exclamation marks** (¡) are placed at the beginning of questions and exclamations, in addition to the marks at the end of the sentences.

¡Hola! ¿Cómo te llamas?

---

31 Rewrite the following questions and exclamations using the correct punctuation for Spanish.

1. Cómo estás _____

2. Hasta pronto _____

3. Tengo que irme _____

4. Qué tal _____

5. Quién es el muchacho _____

6. Buenos días _____

Accents and tildes

• In Spanish, some words have written accent marks that look like a tilted line placed over a vowel: **á, é, í, ó, ú.**

¿Cómo te llamas?   Buenos días.

• The wavy line over the letter **ñ** is called a **tilde.** The pronunciation of **ñ** is similar to the *ny* in the English word *canyon.*

mañana   piñata

---

32 Write these words in Spanish. Remember to use accents and tildes as needed.

1. Miss	
2. twenty-three	
3. morning	
4. Wednesday	
5. good-bye	
6. telephone	
7. Saturday	
8. classmate	
9. Mrs.	

A conocernos

1 You and your friend Maila are looking at photos of your friends and making comments about them. Make a statement in Spanish to describe each person pictured.

MODELO

Sebastián es perezoso.

Sebastián

1. John 2. Verónica 3. Gabriel 4. Adriana

1. _____

2. _____

3. _____

4. _____

2 After each statement, write another one with an adjective that means the opposite to describe what the person is like.

MODELO Roberto no es alto. **Es bajo.**

1. Elena no es tonta. _____

2. Mauricio no es serio. _____

3. Patricia no es morena. _____

4. Adolfo no es perezoso. _____

5. Juan no es tímido. _____

6. Luis no es simpático. _____

3 Choose the logical ending for each of the following unfinished statements.

_____ 1. Simón es intelectual y ___.
      a. tonto   **b.** guapo

_____ 2. Carmen es morena y ___.
      a. bonita   **b.** pelirroja

_____ 3. Julio es gracioso y ___.
      a. aburrido   **b.** cómico

_____ 4. Yo soy tímida y ___.
      a. romántica   **b.** extrovertida

4 Clarissa is writing a profile of Noemí for the newsletter that their Spanish class produces. Write Clarissa's question for each answer that Noemí gives.

Clarissa (1)¿_____?

  Noemí Me llamo Noemí.

Clarissa (2)¿_____?

  Noemí Tengo dieciséis años.

Clarissa (3)¿_____?

  Noemí ¿Mi cumpleaños? Es el doce de abril.

Clarissa (4)¿_____?

  Noemí Soy activa y atlética.

Clarissa (5)¿_____?

  Noemí Sí, soy bastante trabajadora.

5 Write a description for each of these famous men and women.

MODELO Nicole Kidman es **alta y bonita.**

1. Salma Hayek es _____.

2. Tom Cruise es _____.

3. Antonio Banderas es _____.

4. Will Smith es _____.

5. Shakira es _____.

VOCABULARIO 1

6 Tyler has 100 tickets to hand out for the class play. To keep better track of them, he put the tickets in piles of ten. How would he count them by tens? Write out the Spanish word for each number.

1. 10 _____   6. 60 _____

2. 20 _____   7. 70 _____

3. 30 _____   8. 80 _____

4. 40 _____   9. 90 _____

5. 50 _____   10. 100 _____

7 Lucas is responding to a girl in school who is asking about him and his friend Martín. Match the questions in the left column to Lucas's answers in the right column.

_____ 1. ¿Cómo eres?

_____ 2. ¿Cuántos años tienes?

_____ 3. ¿Cómo es Martín?

_____ 4. ¿Cuántos años tiene Martín?

_____ 5. ¿Cuándo es el cumpleaños de Martín?

a. Él tiene catorce años.
b. Soy bastante tímido.
c. Tengo dieciséis años.
d. Es el tres de diciembre.
e. Él es alto y rubio.

8 Answer these questions about yourself in complete sentences.

1. ¿Cuántos años tienes?

_____

2. ¿Cuándo es tu cumpleaños?

_____

3. ¿Cómo eres?

_____

4. ¿Cómo es tu mejor amigo / amiga?

_____

9 Complete the following sentences about Alberto using **cuántos, también, cuándo, un poco,** and **bastante.**

1. Alberto es _____ serio.

_____ es tímido.

2. ¿_____ es el cumpleaños de Alberto?

¿_____ años tiene él?

3. Alberto es _____ atlético.

A conocernos

Ser with adjectives

- You can describe a person using the verb **ser** followed by an **adjective.**
  An adjective is a word that describes what someone or something is like.

  Enrique **es** gracioso.   Nosotros **somos** inteligentes.
  Enrique is funny.   *We are intelligent.*

- The subject pronoun can be eliminated if it's clear who the subject is.

  ¿Cómo es Alma?   Es muy bonita.
  What's Alma like?   *She's very pretty.*

- To say what someone is *not* like, put the word **no** in front of the verb **ser.**

  Yo **no** soy tonto.   Mi amiga **no** es perezosa.
  *I am **not** foolish.*   *My friend is **not** lazy.*

---

10 One of your classmates is talking about some people from school. Complete the
sentences below by filling in the blanks with the correct form of **ser.**

Yo **(1)**_____ atlética. Tú **(2)**_____ intelectual. Paco y Rolf

(3)_____ activos. ¿Cómo es Sandro? **(4)**_____ perezoso.

Nosotras **(5)**_____ extrovertidas y ustedes **(6)**_____ tímidos.

Mi mejor amigo se llama Chuy. **(7)**_____ muy serio. Tú y él

(8)_____ muy inteligentes.

11 You told your friend Armando what you think about some students in your class.
Now, you've changed your mind. To disagree with your first opinion, write complete
sentences using **no** and the correct forms of **ser.**

MODELO Olga / bonita **Olga no es bonita.**

   1. Ian y Gerardo / atléticos

   _____

   2. Nosotros / tontos

   _____

   3. Robin / romántica

   _____

   4. Tú / extrovertido

   _____

  16

<hr>

Gender and adjective agreement

• Nouns and pronouns that refer to men and boys are **masculine.**

    amigo   **él**   **Alejandro**

• Nouns and pronouns that refer to women and girls are **feminine.**

    amiga   **ella**   **Adriana**

• **Adjectives** describe nouns. They have different forms that match the gender of a noun or pronoun.

   Masculine: **Alejandro** es alt**o**.   *Feminine:* **Adriana** es alt**a**.

• Adjectives that end in **-e** and most adjectives that end in a **consonant** have the same masculine and feminine forms.

   Él es intelectual/inteligent**e**.   **Ella** es intelectual/inteligent**e**.

• Exceptions: Adjectives that end in **-or** and adjectives of nationality that end in a consonant form the feminine by adding an **-a.**

   Él es trabajad**or**.   **Ella** es trabajad**ora**.

Number and adjective agreement

• **Singular** adjectives describe one person. **Plural** adjectives describe more than one.

• If the singular form ends in a **vowel,** add **-s** to make it plural: alto**s**.

• If the singular form ends in a **consonant,** add **-es** to make it plural: intelectual**es**.

• Describe **mixed groups** with masculine plural forms: **Pablo y Sarita** son cómic**os**.

12 Your two friends Rocco and Ana are alike in almost every way. After each sentence about Rocco, complete the sentence to describe Ana.

  MODELO Rocco es alto. Ana es **alta.**

   1. Rocco es intelectual. Ana es _____.

   2. Rocco es serio. Ana es _____.

   3. Rocco es trabajador. Ana es _____.

13 Mariana put together a list of students to participate in a school play. Use the correct form of the adjectives to say why she recommends them.

  MODELO Mario y Omar (serio) **Mario y Omar son serios.**

   1. Eva y Clara (activo) _____

   2. Luis y Richard (extrovertido) _____

   3. Perla y Sandra (inteligente) _____

   4. Steve y Rosita (trabajador) _____

  17

14 Choose all the adjectives from the box that could complete each sentence.

graciosas	aburrida	guapo	tímidas
extrovertido	tontos	inteligentes	pelirroja

MODELO Nosotras somos **graciosas / tímidas / inteligentes.**

1. Ellos son _____

2. Graciela es _____

3. Vosotros sois _____

4. Ellas son _____

5. Sancho es _____

Question formation

• To ask questions that may have yes or no answers, raise the pitch of your voice at the end of the sentence. The subject can go before or after the verb.

¿Tu amigo es gracioso? ↗   ¿Es gracioso tu amigo? ↗
Is your friend funny?   *Is your friend funny?*

• You can answer **sí** or **no.** The word **no** is used twice because it means *no* and *not.*

Sí, mi amigo es gracioso.   **No, no** es gracioso.
Yes, my friend is funny.   *No, he is **not** funny.*

• To ask for more information, use the following **question words.** Note that all question words are written with an accent.

¿**Qué?** *What?*   ¿**Cómo?** *How?*   ¿**Cuál?** *Which/What?*
¿**Quién/Quiénes?** *Who?*   ¿**Cuándo?** *When?*   ¿**De dónde?** *From where?*

---

15 Ester, a new student, wants to get to know everyone, so she asks you about your friends and teachers. Complete each of her questions with the correct question word. Use the answers as a guide.

1. ¿_____ es tu mejor amigo? —Es Horacio.

2. ¿_____ es él? —Es de México.

3. ¿_____ es el cumpleaños de Horacio? —Es el siete de enero.

4. ¿_____ se llama tu profesora de ciencias? —Es la señora Herrera.

5. ¿_____ es tu profesor de español, el señor Mena o *(or)* el señor Rangel? —Es el señor Rangel.

6. ¿_____ años tiene él? —Tiene treinta años.

18

A conocernos

16 Look at the three categories below. Then write each expression from the box under the correct category.

de aventuras	el helado	la pizza	pop
rock	de terror	de Mozart	de ciencia ficción
las frutas	jazz	de misterio	las verduras

La comida   **La música**   **Las películas y los libros**

_____   _____   _____

_____   _____   _____

_____   _____   _____

_____   _____   _____

17 Based on what these people say about themselves, say what things they would or would not like.

MODELO Yo soy muy activo. (el ajedrez) **No me gusta el ajedrez.**

1. Yo soy romántica. (películas de terror) _____

2. Soy bastante intelectual. (los libros) _____

3. Yo soy atlético. (los deportes) _____

4. Soy muy tímida. (las fiestas) _____

18 You have asked your friends some questions about their likes and dislikes. The pictures below show their reactions. Write an answer to go with each picture.

MODELO ¿Te gustan los deportes?
           Sí, me gustan mucho.

1. ¿Te gustan las películas de amor?

   _____

2. ¿Te gusta la música salsa?

   _____

3. ¿Te gusta más la comida italiana o la comida china?

   _____

VOCABULARIO 2

19 For each set of words, write a sentence about which thing you like more.

MODELO carros / animales **Me gustan más los animales.**

1. fiestas / películas _____

2. frutas / verduras _____

3. animales / carros _____

4. videojuegos / deportes _____

20 You're asking a new acquaintance what he likes. Use the pictures below as prompts to ask him questions. The first one has been done for you.

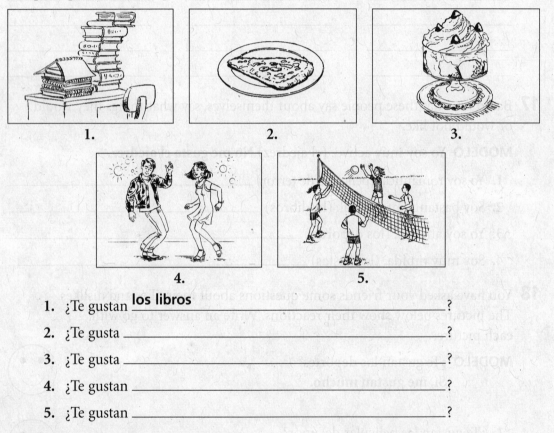

1.   2.   3.

4.   5.

1. ¿Te gustan **los libros** _____?

2. ¿Te gusta _____?

3. ¿Te gusta _____?

4. ¿Te gustan _____?

5. ¿Te gustan _____?

21 Write the questions for these answers based on your own likes and dislikes. Use **¿Cómo es/son...?**

1. Son pésimas.

_____

2. Es fenomenal.

_____

3. Son interesantes.

_____

(20)

VOCABULARIO 2

22 Elena and Rafael disagree about everything. For each one of Elena's statements below, write Rafael's response.

MODELO Los deportes son aburridos. **¡No, los deportes son divertidos!**

1. Las hamburguesas son formidables. _____

_____

2. El helado es horrible. _____

3. La comida china es mala. _____

4. Los carros son bastante interesantes. _____

_____

5. Las fiestas son algo divertidas. _____

23 Your friends have different opinions of the food in the school cafeteria. Use the words in the box to state their opinions in order, from those who find it the worst to those who find it the best. The first one has been done for you.

bastante mala	deliciosa	muy buena	horrible	algo buena

1. **Es horrible.** _____

2. _____

3. _____

4. _____

5. _____

24 Megumi, an exchange student, wrote the following letter home. Read her letter. Then write **sí** or **no** to say whether she would agree with the statements below.

> ¡Hola! Estoy muy bien. Me gustan los Estados Unidos. La pizza aquí *(here)* es deliciosa y las verduras son buenas, ¡pero *(but)* las hamburguesas son horribles! Los deportes aquí son algo divertidos y mis amigos son atléticos, pero me gustan más las fiestas. Los videojuegos me dan igual. La música pop es formidable y la música rock es pésima. ¡Los muchachos son fenomenales!

_____ 1. Las hamburguesas son deliciosas.

_____ 2. Los videojuegos son pésimos.

_____ 3. La música pop es muy buena.

_____ 4. Los muchachos son algo tontos.

(21)

A conocernos

Nouns and definite articles

• All nouns in Spanish are masculine or feminine. Nouns can also be **singular** (one thing or person) or **plural** (more than one thing or person). If a noun ends in a **vowel**, add **-s** to make it plural. If it ends in a **consonant**, add **-es.**

amig**o** + **s** = amig**os**   anima**l** + **es** = anima**les**

• The **definite article** *the* has four different forms to agree with nouns in gender and number.

	Masculine		Feminine	
Singular	**el** libro	*the book*	**la** pizza	*the pizza*
Plural	**los** libros	*the books*	**las** pizzas	*the pizzas*

• To say you like something, use the verb **gustar** + a definite article before the noun. To talk about a noun as a general category, use a definite article + the noun.

Me gustan **las** verduras.   **El** helado es delicioso.
I like vegetables.   *Ice cream is delicious.*

25 Write the plural form of the following nouns. The first one has been done for you.

compañero	señor	película	helado	animal	nombre
compañeros					

26 Complete the conversation using the correct definite articles.

—¿Te gustan **(1)**_____ libros?

—Sí, pero *(but)* me gustan más **(2)**_____ películas.

—¿Te gusta **(3)**_____ música clásica?

—Sí, es bastante buena.

—¿Te gustan **(4)**_____ videojuegos?

—No. Me gusta más **(5)**_____ ajedrez.

27 Complete the following statements to say some things you like and don't like.

MODELO Me gusta **la pasta.**

1. Me gusta _____.

2. Me gustan _____.

3. No me gusta _____.

4. No me gustan _____.

Cuaderno de vocabulario y gramática
(22)

GRAMÁTICA 2

The verb *gustar*

- To say you like a thing that's singular, use **gusta.** To say you like more than one thing, use **gustan.**

¿Te **gusta** el helado?	Me **gustan** los deportes.
Do you like ice cream?	*I like sports.*

- Before **gusta/gustan,** use these pronouns.

me gusta(n)	*I like*	**nos** gusta(n)	*we like*
te gusta(n)	*you like*	**os** gusta(n)	*you like* (in Spain)
le gusta(n)	*he/she likes, you like*	**les** gusta(n)	*they like, you like*

- The pronouns **le** and **les** have more than one meaning. **Le** can mean *he, she, it,* or *you* (**usted**). **Les** can mean *you* (**ustedes**) or *they.*

- Use **a quién** or **a quiénes** to ask who is being talked about.

¿**A quién** le gusta la pizza?	¿**A quiénes** les gusta la pizza?
Who likes pizza?	*Who likes pizza?*

- To say *who* likes something, use the word **a** before the name.

A Lisa y a Teo les gusta la pizza.	*Lisa and Teo like pizza.*

- To say what people do *not* like, put the word **no** before the pronoun.

No me gusta la fruta.	*I **don't** like fruit.*

---

28 For each of the following sentences, write the correct form of **gustar.**

  1. A Simón y a Regina les _____ el ajedrez.

  2. A Norman le _____ los videojuegos.

  3. A Ginny le _____ el libro de terror.

29 A Spanish exchange student is trying to figure out what his friends like to eat. Provide the correct pronoun forms to complete his sentences below.

  (1)_____ gusta la comida china. A Patricia y a Juan (2)_____ gusta la comida mexicana. ¿A vosotros (3)_____ gusta la comida italiana? A Berta (4)_____ gusta el helado pero a nosotros (5)_____ gusta la pasta. ¿Y tú, Kara? ¿Qué (6)_____ gusta más *(the most)*?

30 For each of the following sentences, indicate what subject pronoun (**ustedes, ella, usted,** or **ellos**) **le** or **les** stands for.

  1. A Verónica **le** gusta la música. _____

  2. A Claus y a Jorge **les** gustan los deportes. _____

  3. A Jamal y a usted **les** gustan los videojuegos. _____

  4. Profesor, ¿**le** gustan las películas de terror? _____

Holt Spanish 1

Cuaderno de vocabulario y gramática

GRAMÁTICA 2

31 Use the cues below to write sentences with the verb **gustar**.

MODELO comida italiana / Vilma **A Vilma le gusta la comida italiana.**

1. quién / los animales

_____

2. Roberto / los libros de misterio /no

_____

3. quiénes / la música

_____

¿Por qué? and porque

To ask why, use **¿por qué?** *(why?)*. To respond, use **porque** *(because)*.

¿Por qué te gusta la pizza?   Me gusta **porque** es deliciosa.
Why do you like pizza?   *I like it **because** it's delicious.*

---

32 Diana and Julio are discussing different types of movies. Complete their conversation using **¿por qué?** and **porque**.

Julio   No me gustan las películas de ciencia ficción.

Diana   ¿(1)_____ no te gustan?

Julio   (2)_____ son tontas y aburridas.

¿Y tú? ¿(3)_____ te gustan?

Diana   Me gustan (4)_____ son interesantes.

Uses of the preposition *de*

• To show possession: el carro **de** César   *César's car*
• To show relationship: el profesor **de** Laura   *Laura's teacher*
• To indicate the type of thing: los libros **de** aventuras   *adventure books*
• To say where someone is from: Mari es **de** Chile.   *Mari is from Chile.*
• The preposition **de** followed by the article **el** makes the contraction **del.**
   el libro **del** estudiante   *the student's book*

---

33 For each sentence below, say whether the preposition **de** indicates possession, type of thing, or where someone is from.

1. el muchacho de Bolivia _____

2. la película de amor _____

3. el carro del señor _____

24

¿Qué te gusta hacer?

1 Gabriel is active and loves the outdoors. Arturo is quiet and likes to be indoors. List six things that each of them might like to do. The first one has been done for you.

Gabriel	Arturo
jugar al volibol	alquilar videos

2 Indicate what the following people want to do based on what they say about themselves.

_____ 1. Yo soy muy activo. Quiero ____.
   a. jugar a juegos de mesa   **b.** jugar al básquetbol

_____ 2. A mí me gustan mucho las películas. Yo quiero ____.
   a. alquilar videos   **b.** hacer ejercicio

_____ 3. Yo soy bastante extrovertida. Quiero ____.
   a. cantar   **b.** leer revistas y novelas

_____ 4. Me gustan las hamburguesas, la pizza y los helados. Yo quiero ____.
   a. correr   **b.** comer

_____ 5. Me gusta ir de compras. Quiero ____.
   a. ir al centro comercial   **b.** ir al cine

3 Complete Ramón's description of things he likes and doesn't like to do.

Me gusta mucho (1)_____ al béisbol con mis amigos,

pero no me gusta (2)_____ en bicicleta. Me gusta

(3)_____ al centro comercial o (4)_____

videos con amigos. No me gusta (5)_____ el rato solo porque

es muy aburrido. Pero me gusta (6)_____ en la piscina

(swimming pool).

4 Look at the pictures below and say whether you like to do the activities and with whom.

MODELO **MODELO** Me gusta comer con mis amigos.

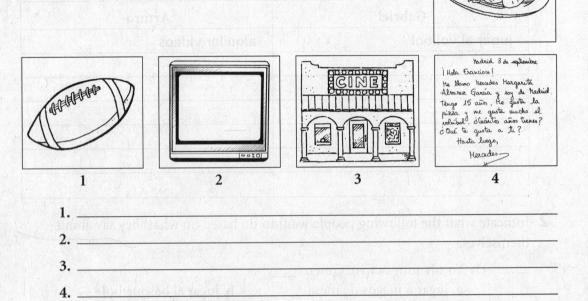

| 1 | 2 | 3 | 4 |

1. _____

2. _____

3. _____

4. _____

5 Complete the second sentence to say with whom these people want to do each thing.

MODELO A mis amigos les gusta salir. Hoy quiero pasear **con mis amigos.**

1. No me gusta comer solo. Quiero comer _____ .

2. A ti y a mí nos gustan las películas. ¿Quieres ir al cine _____?

3. Tienes siempre buenas notas *(good grades)*, Cristina. Quiero hacer la tarea

_____ .

6 Sebastián wants to go out this afternoon, but Teresa is tired and wants to do something relaxing around the house. Use the words in the box for her answers to Sebastián's suggestions.

| Está bien. | A mí me gusta… | No quiero ir. | Ni idea. |

1. ¿Quieres ir al cine conmigo? _____

2. ¿Qué quieres hacer hoy? _____

3. ¿Qué te gusta hacer? _____

4. ¿Quieres alquilar videos? _____

VOCABULARIO 1

7 Answer these questions in Spanish according to your own interests.

1. ¿Qué te gusta hacer?

_____

2. ¿Te gusta ir de compras?

_____

3. ¿Con quién te gusta hacer la tarea?

_____

4. ¿A tus amigos les gusta ir al centro comercial?

_____

5. ¿A tu amigo(a) le gusta salir contigo?

_____

8 John and Kim are trying to decide what to do today. Write out the questions that are missing from their conversation.

Kim ¿(1)_____?

John Ni idea.

Kim ¿(2)_____?

John No, no quiero jugar al volibol.

Kim ¿(3)_____?

John No, no quiero montar en bicicleta contigo.

Kim ¿(4)_____?

John No, no me gusta patinar.

Kim ¿(5)_____?

John Está bien. ¡Me gusta alquilar videos!

9 Plan to do something fun on each of the following days of this week.

MODELO El lunes **quiero ir de compras con mi amiga.**

1. El martes _____

2. El miércoles _____

3. El jueves _____

4. El viernes _____

5. El sábado _____

6. El domingo _____

¿Qué te gusta hacer?

GRAMÁTICA 1

> ## The present tense of *gustar* with infinitives
>
> • The infinitive form of a verb tells what's happening. But unlike a conjugated verb, it doesn't tell you who performs the action or when the action takes place.
>
> • In Spanish, infinitives may have one of three endings:
>
> | -ar | -er | -ir |
> |-----|-----|-----|
> | nad**ar** *(to swim)* | corr**er** *(to run)* | escrib**ir** *(to write)* |
>
> • Like nouns, infinitives are used after **gustar** to say what people like to do.
>   Me **gusta** patinar.   *I like to skate.*
>
> • Whenever you use **gustar** with an infinitive, the correct form is **gusta** (not **gustan**).
>   Me **gustan** los videos.   Me **gusta alquilar** videos.
>   *I like videos.*   *I like to rent videos.*

10 Tomás is talking about what he and some of his friends like to do. Use the correct pronoun and form of **gustar** to complete the sentences.

1. A Elena _____ pasar el rato con amigos.

2. A mí _____ leer novelas.

3. A Rosa y Beto _____ ir al cine.

4. A José y a mí _____ navegar por Internet.

5. ¿A quién _____ hacer la tarea?

11 Say whether or not you like each of the following things.

MODELO (nadar) **No me gusta nadar.**

1. (las películas) _____

2. (ir al centro comercial) _____

3. (jugar al tenis) _____

4. (los juegos de mesa) _____

5. (correr con mis amigos) _____

12 You and Ray like different things. Complete the paragraph about your likes and dislikes with the correct form of **gustar**.

A Ray le (**1**)_____ comer tacos, pero a mí no me (**2**)_____

los tacos. A Ray le (**3**)_____ leer revistas, pero a mí no me

(**4**)_____ las revistas.

28

Pronouns after prepositions

- Pronouns can have different forms even if they refer to the same person.

   Yo soy Andrea. **Me** gusta el helado.

- After prepositions like **a** *(to)*, **con** *(with)*, **de** *(of, from, about)*, and **en** *(in, on, at)*, the pronouns **yo** and **tú** change to **mí** and **ti**. All other subject pronouns stay the same.

Subject	After a preposition	With **gustar**
yo	a **mí**	**me** gusta
tú	a **ti**	**te** gusta
él/ella	a **él/ella**	**le** gusta
usted	a **usted**	**le** gusta
nosotros(as)	a **nosotros(as)**	**nos** gusta
vosotros(as)	a **vosotros(as)**	**os** gusta
ellos/ellas	a **ellos/ellas**	**les** gusta
ustedes	a **ustedes**	**les** gusta

- **Con** + the pronouns **mí** and **ti** make **conmigo** *(with me)* and **contigo** *(with you)*.

- To emphasize or clarify who likes something, add **a** + pronoun to a sentence with **gustar**.

   A mí me gusta patinar.   *I like to skate.*

---

13 Match the descriptions of the people in the left column with what they like to do in the right column.

_____ 1. Nosotros somos perezosos.

_____ 2. Alma come pasta todos los días.

_____ 3. Juan y Gil son atléticos.

_____ 4. Tú eres musical.

_____ 5. Yo veo muchas películas.

> **a.** Le gusta la comida italiana.
> **b.** Me gusta el cine.
> **c.** Nos gusta leer revistas.
> **d.** Te gusta cantar.
> **e.** Les gusta hacer ejercicio.

14 You and your classmates are busy with your friends. Use the cues below to say what each one likes to do and with whom.

   MODELO él / correr / ellos **A él le gusta correr con ellos.**

1. yo / ver televisión / tú

_____

2. ella / alquilar videos / ustedes

_____

3. tú / ir al cine / yo

_____

(29)

GRAMÁTICA 1

15 Use the preposition **a** + a pronoun to emphasize or clarify who is being referred to in the following sentences.

> **MODELO** Le gusta nadar. (usted) **A usted le gusta nadar.**

1. Nos gusta ir al cine. _____
2. Les gusta jugar al ajedrez. (ellas) _____
3. Me gusta navegar por Internet. _____
4. Te gusta alquilar videos. _____
5. Le gusta cantar. (él) _____

The present tense of *querer* with infinitives

- The verb **querer** means *to want*. These are the forms of the verb **querer**.

yo quiero	nosotros(as) queremos
tú quieres	vosotros(as) queréis
usted/él/ella quiere	ustedes/ellos/ellas quieren

- Use a **noun** after **querer** to say what you want. Use an **infinitive** after **querer** to say what you want to do.

  Quiero **un libro.**   Queremos **leer.**
  I want a book.   *We want to read.*

---

16 You and your friends can't agree on what you want to do today. Complete your note to your friend Brad with the correct forms of **querer**.

Hoy es viernes y nosotros (1)_____ salir. Elena (2)_____ ir al cine. Pat y Erik (3)_____ ir al centro comercial. Tú no (4)_____ ir al cine y yo no (5)_____ ir al centro comercial. ¿Tú (6)_____ escuchar música conmigo?

17 Look at the pictures. Then use **querer** + an infinitive to say what you want to do with each item. The first one has been done for you.

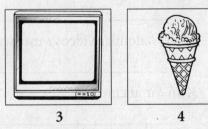

1. **Quiero leer un libro.**
2. _____
3. _____
4. _____

¿Qué te gusta hacer?

18 Make two columns: things people generally do every day during the week
(**todos los días**), and things they do on weekends (**los fines de semana**).

ir a la playa	hablar por teléfono	estudiar	ir al colegio
ir a la iglesia	bailar	ir al trabajo	ir al parque

Todos los días   **Los fines de semana**

_____   _____

_____   _____

_____   _____

19 Read the following sentences. If the statement is true for you, write **cierto**.
If not, write **falso**.

_____ **1.** Nunca voy al parque cuando hace mal tiempo.

_____ **2.** Voy a la reunión del club de español todos los días.

_____ **3.** Me gusta ir a la casa de mi mejor amigo.

_____ **4.** Cuando hace buen tiempo me gusta descansar.

_____ **5.** Los domingos voy al colegio.

_____ **6.** Cuando hace mal tiempo, voy a la playa.

_____ **7.** Me gusta hablar por teléfono con mis amigos.

20 Below is Karen's after-school and weekend calendar. Based on the calendar,
how would she describe each day's activities?

domingo	lunes	martes	miércoles	jueves	viernes	sábado
iglesia familia	trabajo sola	gimnasio Trish	entrenamiento Sandra		ensayo amigos	casa de Rita

MODELO **Los domingos voy a la iglesia con mi familia.**

1. _____

2. _____

3. _____

4. _____

5. _____

6. _____

(31)

VOCABULARIO 2

21 Match each expression in the left column to one in the right column. How often would you say you go to the movies if you go…

_____ **1.** three times a week?

_____ **2.** every week?

_____ **3.** once every two months?

_____ **4.** once a year?

_____ **5.** never?

> **a.** casi nunca
> **b.** nunca
> **c.** casi siempre
> **d.** a veces
> **e.** siempre

22 You and your friends are discussing the things you do. Choose the best sentence to complete each thought.

_____ **1.** Los fines de semana yo juego al tenis y al volibol.
  a. Siempre me gusta descansar.
  b. Me gusta practicar deportes.

_____ **2.** A mí me gusta salir.
  a. Después de clases, casi siempre voy al centro comercial.
  b. Después de clases, siempre quiero estudiar.

_____ **3.** Cuando hace mal tiempo, a Luis no le gusta salir.
  a. Le gusta ir al parque con amigos.
  b. No va a ninguna parte.

_____ **4.** A Aurora no le gusta salir.
  a. Ella quiere tocar el piano.
  b. Ella quiere ir a la playa.

_____ **5.** Yo soy perezoso.
  a. Nunca quiero trabajar.
  b. Siempre me gusta trabajar.

23 Say how often you go to the following. Use complete sentences.

MODELO a la piscina **Casi siempre voy a la piscina.**

1. a la reunión _____

2. al baile _____

3. al entrenamiento _____

4. al colegio _____

5. a la casa de un amigo / una amiga _____

_____

24 Write a logical question for each of the answers below.

MODELO **¿Con qué frecuencia vas al ensayo?**
Casi siempre voy al ensayo.

1. _____
Sí. Casi siempre salgo con amigos.

2. _____
Los fines de semana me gusta nadar.

3. _____
Casi siempre. Me gusta ir al parque.

4. _____
Cuando hace mal tiempo me gusta escuchar música.

5. _____
Los fines de semana voy a la playa.

25 Answer these questions about what you usually do. Then, explain why you spend your time this way.

MODELO ¿Adónde vas los lunes?
Los lunes voy al gimnasio. Me gusta hacer ejercicio.

1. ¿Qué haces los fines de semana?
_____

2. ¿Adónde vas los domingos?
_____
_____

3. ¿Adónde vas los miércoles?
_____
_____

4. ¿Qué haces cuando hace mal tiempo?
_____
_____

5. ¿Adónde vas cuando hace buen tiempo?
_____
_____

¿Qué te gusta hacer?

The present tense of regular *-ar* verbs

- All verbs have a **stem** (which gives the meaning) and an **ending.** The infinitive doesn't tell you who or what the subject is. To indicate the subject, you must **conjugate** the verb.

- To conjugate a regular **-ar** verb such as **nadar, hablar,** or **cantar,** drop the **-ar** ending and replace it with one of the following endings.

yo nad**o**	*I swim*	nosotros(as) nad**amos**	*we swim*
tú nad**as**	*you swim*	vosotros(as) nad**áis**	*you swim* (Spain)
usted nad**a**	*you swim*	ustedes nad**an**	*you swim*
él/ella nad**a**	*he/she swims*	ellos/ellas nad**an**	*they swim*

  Nosotros nad**amos** los sábados. *We swim on Saturdays.*

- Subject pronouns can be left out when the verb ending tells who the subject is.

  Yo habl**o** por teléfono.   Habl**o** por teléfono.

- Use the subject pronoun for emphasis or to make it clear who the subject is.

  ¿Corren **ustedes? Yo** nunca corro. ¡No me gusta!
  *Do **you** jog? **I** never jog. I don't like to!*

---

26 You and your friends all like to do different things. Complete the descriptions of your various activities with the correct conjugation of the verbs in parentheses.

1. Ned y Diana _____ (nadar) cuando hace buen tiempo.

2. Charles _____ (trabajar) todos los días.

3. Yo _____ (tocar) el piano.

4. Clint y yo _____ (patinar) los domingos.

5. Ustedes casi siempre _____ (hablar) por teléfono.

27 Rewrite these sentences with the subject pronouns to make it very clear who does the action.

MODELO Trabajo los jueves y los viernes. **Yo trabajo los jueves y los viernes.**

1. Hablas conmigo después de clases.

_____

2. Cantas y toco el piano.

_____

3. No trabajan los domingos. (tú y Julián)

_____

The present tense of *jugar* and *ir*

- Verbs that do not have the regular endings and verbs that change their stem when conjugated are called **irregular** verbs.

- Here are the conjugations of the verb **ir** *(to go)*, which has irregular endings, and of the verb **jugar** *(to play a game or sport)*, which has a stem change (**u → ue**).

yo	**voy**	*I go*	**jue**go	*I play*
tú	**vas**	*you go*	**jue**gas	*you play*
usted	**va**	*you go*	**jue**ga	*you play*
él/ella	**va**	*he/she goes*	**jue**ga	*he/she plays*
nosotros(as)	**vamos**	*we go*	**ju**gamos	*we play*
vosotros(as)	**vais**	*you go* (Spain)	**ju**gáis	*you play* (Spain)
ustedes	**van**	*you go*	**jue**gan	*you play*
ellos/ellas	**van**	*they go*	**jue**gan	*they play*

- The verb **ir** + the preposition **a** means *go to*. When **a** is followed by **el,** it forms the contraction **al (a + el = al).**

     Voy a la piscina los domingos.   ¿Quieres **ir al** cine?
     I go to the pool on Sundays.   *Do you want to go to the movies?*

- **¿Adónde?** is used to ask *where to.*

     ¿Adónde vas?   *Where are you going?*

28 Complete each sentence with the correct form of **jugar** and the name of a sport or game.

     MODELO Ada **juega al béisbol.**

1. Ken y yo _____

2. Vosotras _____

3. Alan y Eva _____

4. Yo _____

5. Tú _____

6. Usted _____

7. Irma _____

8. Ustedes _____

9. Ellas _____

10. Él _____

(35)

29 Choose the correct form of **ir** to say where these people go on Saturdays.

   1. ¿Adónde (vas / van) Edwin y tú los sábados? _____

   2. Edwin siempre (vamos / va) al gimnasio. _____

   3. Yo (vamos / voy) con mi familia al parque. _____

   4. Tina y yo casi siempre (vamos / vais) al cine. _____

   5. Ben y Cristina también (van / va) al cine. _____

   6. Tú no (voy / vas) a ninguna parte. _____

30 Diana is answering a letter from a pen pal who wants to know about her after-school activities. Fill in the missing parts of Diana's letter with **al, a los, a la,** or **a las.**

Hola, Andrea. ¿Qué me gusta hacer después de la escuela? Me gusta hacer muchas

cosas. Los lunes y los miércoles voy (1)_____ gimnasio. Los jueves,

mi amiga Paula y yo vamos (2)_____ clase de baile. A veces vamos

(3)_____ entrenamientos de básquetbol por la noche, pero no siempre.

Los viernes, mis amigos van (4)_____ reunión del club de español. A mí

no me gusta ir (5)_____ reuniones del club porque son algo aburridas.

Tu amiga, Diana

Weather expressions

• **Hace** (a form of the verb **hacer**) is used for many weather expressions.

¿Qué tiempo hace?	*How is the weather?*	**Hace frío.**	*It's cold.*
Hace buen tiempo.	*The weather is good.*	**Hace calor.**	*It's hot.*
Hace mal tiempo.	*The weather is bad.*	**Hace fresco.**	*It's cool.*
Hace sol.	*It's sunny.*	**Hace viento.**	*It's windy.*

• **Llover** means *to rain* and **nevar** means *to snow*. Use the following verb forms:

Llueve.	*It's raining.*	**Nieva.**	*It's snowing.*

---

31 Write a description of the weather that complements each one of the descriptions below.

   MODELO Hace buen tiempo. **Hace sol.**

   1. Hace viento. _____

   2. Hace mal tiempo. _____

   3. Hace calor. _____

   4. Hace frío. _____

La vida escolar

CAPÍTULO

4

VOCABULARIO 1

1 Match each item on the left with the one that is most similar to it in the box on the right. Use each letter only once.

_____ 1. las ciencias

_____ 2. el alemán

_____ 3. los zapatos

_____ 4. el bolígrafo

_____ 5. el cuaderno

a. la ropa
b. el papel
c. el francés
d. la química
e. el lápiz

2 Read the following statements. Then choose a favorite class for each student based on his or her preferences and write your answer on the line provided.

_____ 1. A Marcia le gustan los animales.

    a. las matemáticas   **b.** la biología   **c.** el taller

_____ 2. A Nataniel le gusta dibujar.

    a. las ciencias   **b.** el arte   **c.** el inglés

_____ 3. Jazmín quiere ir a París.

    a. el alemán   **b.** el español   **c.** el francés

_____ 4. René quiere trabajar con computadoras.

    a. la computación   **b.** el arte   **c.** el español

_____ 5. Jacinto es muy atlético.

    a. el taller   **b.** el alemán   **c.** la educación física

3 Hans is helping Gina put together a list of supplies she'll need for school this semester. Complete their conversation with words from the box. Use each word only once.

no tengo	tienes	algo	nada	un montón	muchas cosas

Hans ¿Necesitas muchos útiles escolares?

Gina Sí, necesito (**1**)_____.

Hans ¿Necesitas (**2**)_____ para historia?

Gina Sí, necesito una carpeta y (**3**)_____ de lápices.

Hans ¿(**4**)_____ carpetas para la clase de francés?

Gina No, (**5**)_____.

Hans ¿Y para ciencias? ¿Qué necesitas?

Gina No necesito (**6**)_____.

4 It's the first day of school, and Ángela is still confused about her classes. Look at her schedule, then write **sí** or **no** for each of her statements below.

Horario
8:00 inglés
9:00 matemáticas
10:00 biología
11:00 educación física
12:00 almuerzo
1:00 computación
2:00 arte

_____ 1. Por la mañana tengo cuatro materias.

_____ 2. Primero tengo matemáticas y después tengo inglés.

_____ 3. Esta tarde tengo biología.

_____ 4. Después del almuerzo tengo educación física.

_____ 5. Por la tarde tengo arte.

5 What are Pietro and Karina talking about? Unscramble their sentences and write them on the lines provided. Remember to provide the correct punctuation.

MODELO después / historia / almuerzo / del / tengo
Después del almuerzo tengo historia.

1. **Karina:** clases / esta / tienes / qué / tarde

_____

2. **Pietro:** historia / primero / arte / tengo / después / tengo / y

_____

3. **Karina:** preferida / es / tu materia / cuál

_____

4. **Pietro:** porque / es / mi materia / fácil / preferida / español / es

_____

5. **Pietro:** de inglés / la clase / no / porque / difícil / es / me gusta

_____

6 Clara's mom is asking her about her school supplies. Write an appropriate question for each answer Clara gives, using the cues below.

MODELO Sí, necesito una mochila. (una mochila) **¿Necesitas una mochila?**

1. _____

    Sí, necesito muchas cosas para el colegio. (algo)

2. _____

    Sí, tengo un montón. (lápices)

3. _____

    No, no tengo. (una regla)

4. _____

    Sí, tengo dos. (bolígrafos)

5. _____

    No, no necesito. (un reloj)

7 Alejandro needs to organize his school supplies for each class. Write what he says to himself about each item below, naming the thing pictured and what class he has it for.

MODELO **Tengo un lápiz para la clase de arte.**

Modelo

      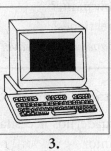   

      1.   2.   3.   4.

1. _____

2. _____

3. _____

4. _____

La vida escolar

Indefinite articles

- The indefinite articles **un** and **una** mean *a* or *an;* the indefinite articles **unos** and **unas** mean *some.*
- The indefinite articles match the noun they accompany in gender and number.

	Masculine	Feminine
Singular	**un** reloj *(a watch)*	**una** regla *(a ruler)*
Plural	**unos** relojes *(some watches)*	**unas** reglas *(some rulers)*

- The indefinite article can sometimes be left out before a plural noun.
    ¿Necesitas cuadernos?
    Do you need notebooks?

---

8 Write the correct form of the indefinite article for each of the following nouns.

1. _____ cuadernos
2. _____ calculadora
3. _____ bolígrafo
4. _____ mochilas
5. _____ reloj
6. _____ lápices

¿Cuánto?, mucho, and poco

- To talk about quantities, use the following words. Note that they agree in gender and number with the nouns they accompany.

Singular	¿cuánt**o**(**a**)?	much**o**(**a**)	poc**o**(**a**)
	how much?	*a lot*	*little, not much*
Plural	¿cuánt**os**(**as**)?	much**os**(**as**)	poc**os**(**as**)
	how many?	*a lot, many*	*few, not many*

¿Cuánto papel tienes?   ¿Cuántas carpetas tienes?
How much paper do you have?   *How many folders do you have?*

---

9 Choose the correct word to complete each sentence about supplies needed for school.

_____ 1. ¿___ cuadernos necesitas?
    a. Cuánto   **b.** Cuánta   **c.** Cuántos

_____ 2. ¿___ ropa necesitas para el colegio?
    a. Cuánta   **b.** Cuántas   **c.** Cuántos

_____ 3. Necesito ___ papel para la clase de ciencias.
    a. pocas   **b.** poco   **c.** pocos

_____ 4. Necesito ___ lápices para la clase de arte.
    a. mucho   **b.** mucha   **c.** muchos

GRAMÁTICA 1

Tener and *tener* expressions

- **Tener** means *to have*. Here is how to conjugate **tener** in the present tense.

yo	**tengo**	nosotros(as)	**tenemos**
tú	**tienes**	vosotros(as)	**tenéis**
usted, él, ella	**tiene**	ustedes, ellos, ellas	**tienen**

- **Tener** is used in some common expressions.

tener que + infinitive *to have to (do something)*
tener ganas de + infinitive *to feel like (doing something)*
tener prisa *to be in a hurry*
tener (mucha) hambre *to be (very) hungry*
tener (mucha) sed *to be (very) thirsty*

Tengo ganas de ir al cine esta noche.
I feel like going to the movies tonight.
Yo tengo que estudiar.
I have to study.

---

10 Fernando is looking at a list of supplies that his classmates can contribute to a group project for the science fair. Complete his statements with the correct form of the verb **tener**.

1. Javier _____ una calculadora.

2. Blanca y Manuel _____ una computadora.

3. Olivia y yo _____ muchos cuadernos.

4. Tú _____ los bolígrafos.

5. Yo _____ un reloj.

6. Rogelio y tú _____ dos reglas.

11 Match each statement on the left with a logical conclusion on the right.

_____ 1. Pedro y Juan Pablo quieren una pizza.

_____ 2. Federico tiene un examen mañana.

_____ 3. A Laura y a Eva les gusta el cine.

_____ 4. Felipe necesita agua *(water)*.

_____ 5. Diana tiene clase a las dos y son las dos menos cinco.

a. Tiene que estudiar.
b. Tiene sed.
c. Tienen hambre.
d. Tiene prisa.
e. Tienen ganas de ver una película.

GRAMÁTICA 1

The verb *venir* and *a* + time

- The verb **venir** *(to come)* is conjugated like **tener** in the present tense except for the **vosotros** and **nosotros** forms.

yo	**vengo**	nosotros(as)	**venimos**
tú	**vienes**	vosotros(as)	**venís**
usted, él, ella	**viene**	ustedes, ellos, ellas	**vienen**

- Use the preposition **a** plus the time to say at what time something is happening.

  ¿A qué hora vienes?   Vengo **a las cinco** de la tarde.
  At what time are you coming?   *I'm coming at five in the afternoon.*

---

12 Use the verb **venir** and the cues below to tell when the following people come to school.

    MODELO Josie / 7:00 **Josie viene a las siete.**

    1. yo / 7:45

    _____

    2. Elena y Adán / 8:40

    _____

    3. tú / 7:30

    _____

    4. Pepe y yo / 8:10

    _____

13 Answer the following questions about your daily schedule.

    1. ¿A qué hora vienes al colegio?

    _____

    2. ¿A qué hora tienes la clase de inglés?

    _____

    3. ¿A qué hora tienes el almuerzo?

    _____

    4. ¿A qué hora tienes la clase de español?

    _____

La vida escolar

14 Soledad wants to do many things at school today. Write where she should go to do each activity.

MODELO Soledad quiere leer muchos libros. **la biblioteca**

1. Soledad quiere ir al concierto. _____

2. Soledad quiere comer. _____

3. Soledad quiere ir a la clase de español. _____

4. Soledad quiere hacer ejercicio. _____

15 It's Wednesday afternoon, and you're trying to make plans with your friend Samuel, but he's busy all the time. Complete his responses to your questions.

_____ 1. —Hola, Samuel. ¿Qué vas a hacer el sábado y el domingo?

—___ voy a leer unos libros.

    a. La próxima semana   **b.** Este fin de semana

_____ 2. —¿Vas al partido de fútbol americano esta tarde?

—No, ___ voy a estudiar.

    a. hoy   **b.** pasado mañana

_____ 3. —¿Vas a ir al concierto mañana?

—No, el ___ tengo clase de tenis.

    a. miércoles   **b.** jueves

_____ 4. —¿A qué hora vas a llegar al colegio pasado mañana?

—¿___? Voy a llegar temprano.

    a. El viernes   **b.** El martes

_____ 5. —¿Vas a la reunión del club de alemán el lunes próximo?

—___ no voy a ir al club.

    a. Esta semana   **b.** La próxima semana

16 Sara has a busy day before her. Put her sentences in chronological order by writing numbers in the blanks. The first one has been done for you.

_____ Después del partido tengo un ensayo a las once de la mañana.

_____ Por la tarde voy a patinar con Pilar, mi mejor amiga.

__1__ Hoy voy a hacer muchas cosas.

_____ Al mediodía quiero comer comida china.

_____ Por la mañana voy a ir al partido de volibol.

_____ Luego Pilar y yo vamos a regresar a casa.

  43

17 Look at this school activity calendar for next week and write a sentence telling what will happen each day and where it will take place. Be sure to state the time of day (morning, afternoon, etc.).

lunes	martes	miércoles	jueves	viernes
volibol	club de arte	fútbol	concierto	baile
4:00 P.M.	8:00 A.M.	5:00 P.M.	1:00 P.M.	8:30 P.M.
gimnasio	biblioteca	estadio	auditorio	gimnasio

MODELO lunes **Hay un partido de volibol en el gimnasio por la tarde.**

1. martes _____

2. miércoles _____

3. jueves _____

4. viernes _____

18 The students below are talking about their plans for tomorrow. Write complete sentences to show how they might describe their schedules. Use the phrases **por la mañana, por la tarde, por la noche, primero, después,** and **luego.** The first one has been done for you.

Sebastián		Primero voy al ensayo. Después
2:30 P.M.	ensayo	voy a la biblioteca. Luego voy a
4:30 P.M.	biblioteca	regresar a casa.
6:00 P.M.	regresar a casa	
Josie		
8:30 A.M.	colegio	
3:30 P.M.	centro comercial	
7:45 P.M.	cine	
Gerardo		
10:30 A.M.	piscina	
1:00 P.M.	cafetería	
3:30 P.M.	regresar a casa temprano	
Daniela		
9:00 A.M.	clase de francés	
10:00 A.M.	computación	
11:30 A.M.	educación física	

19 In each of the conversations below, Alan is asking his friends to do something with him. Complete the sentences by filling in the blanks with the words in the box. Use each phrase at least once.

sabes qué	claro que sí	regresar
verdad	no sé	no voy a ir
vienes conmigo	qué tal si	vas a ir

Alan   ¿(1)_____ vamos a la fiesta en la cafetería?

Raúl   ¿(2)_____? Tengo que estudiar.

Alan   Betty, tú vas a ir a la fiesta, ¿(3)_____?

Betty   No, (4)_____. Hoy tengo que

(5)_____ a casa temprano.

Alan   Delia, hay un partido de tenis hoy. (6)_____, ¿no?

Delia   Mmm... (7)_____. No tengo ganas.

Alan   Jorge, el sábado (8)_____ al concierto, ¿no?

Jorge   (9)_____. Nos vemos a las cinco de la tarde.

20 Read the following e-mail that Gregorio wrote to a classmate. Then tell whether each of the statements below is **cierto** (true) or **falso** (false).

> Miércoles, el 4 de mayo. ¿Cómo estás, Hank? ¿Vas al partido de tenis mañana? Yo no voy a ir porque los jueves tengo clase de piano. ¿Qué vas a hacer la próxima semana? Yo voy a estudiar. Voy a presentar el examen de matemáticas el viernes. ¿Tú tienes un examen el viernes? Por la tarde hay un partido de fútbol. ¿Qué tal si vamos?
>
> Hasta pronto,
> Gregorio

_____ 1. Gregorio no va a ir a la clase de piano mañana.

_____ 2. Gregorio tiene que estudiar para su clase de matemáticas.

_____ 3. Hay un partido de fútbol mañana por la tarde.

_____ 4. Gregorio no quiere ir al partido de fútbol porque tiene que estudiar.

_____ 5. Gregorio va a presentar un examen el viernes.

La vida escolar

Ir a with infinitives

• Use **ir a** + an infinitive to talk about what someone is going to do.

¿Qué vas a hacer mañana?   Voy a estudiar mañana.

What are you going to do tomorrow?   *I'm going to study tomorrow.*

• Use **el** + a day of the week to talk about a specific day.

El domingo voy a nadar.

On Sunday I'm going swimming.

---

21 Yolanda is writing a letter to a friend telling about her busy week. Choose the correct forms of **ir** to complete the letter.

Hola Marcia, ¿cómo estás? Esta semana (1)_____ al colegio a las ocho de

la mañana. Casi todos los estudiantes (2)_____ a ir a las ocho y media.

Mañana mis amigos y yo (3)_____ a salir. Mi amiga Elena (4)_____

a jugar al tenis conmigo. ¿Tú y Sandra (5)_____ a salir también? Este

fin de semana yo (6)_____ al centro comercial porque necesito zapatos.

¿Y tú? ¿Qué (7)_____ a hacer esta semana? Hasta pronto,

Yolanda

22 Use the phrases in the columns below to write six sentences. Remember to conjugate the verb **ir**. The first one has been done for you.

Él	ir a	ver un partido	lunes
Mercedes		descansar	martes
Usted		comer pizza	miércoles
Ellos		ir al concierto	jueves
Hernán y tú		estudiar	viernes
Nosotras		presentar un examen	sábado

1. **Él va a presentar un examen el viernes.**

2. _____

3. _____

4. _____

5. _____

6. _____

The present tense of *-er* and *-ir* verbs

- To conjugate regular **-er** and **-ir** verbs, drop the infinitive endings and replace them with the endings below.

	correr *(to run)*	**abrir** *(to open)*
yo	corro	abro
tú	corres	abres
usted, él, ella	corre	abre
nosotros(as)	corremos	abrimos
vosotros(as)	corréis	abrís
ustedes, ellos, ellas	corren	abren

- Some regular **-er** and **-ir** verbs are: **comer** *(to eat)*, **leer** *(to read)*, **beber** *(to drink)*, **asistir** *(to attend)*, **interrumpir** *(to interrupt)*, and **escribir** *(to write)*.

23 Choose the correct form of the verb to complete each sentence.

_____ 1. Yo siempre ___ en la cafetería.
   a. come   **b.** comen   **c.** como

_____ 2. Los profesores nunca ___ a los estudiantes.
   a. interrumpen   **b.** interrumpe   **c.** interrumpís

_____ 3. Nosotros siempre ___ los libros para la clase.
   a. leo   **b.** leemos   **c.** lees

_____ 4. Ustedes ___ a las clases de computación por la mañana.
   a. asistimos   **b.** asiste   **c.** asisten

Tag questions

- Add **¿no?** or **¿verdad?** to the end of a statement to make it a question.

Vas a la reunión, ¿no?   Tienes el libro, ¿verdad?
You're going to the meeting, right?   *You have the book, don't you?*

24 Write a tag question for each of Mónica's answers.

MODELO Sí, hoy tengo clase de inglés. **Hoy tienes clase de inglés, ¿no/verdad?**

1. _____
   Sí, como el almuerzo en la cafetería.

2. _____
   No, Pablo no lee libros de historia.

3. _____
   Sí, la biblioteca abre a las ocho.

(**47**)

GRAMÁTICA 2

Some -er and -ir verbs with irregular yo forms

• **Hacer** *(to do, to make)*, **poner** *(to put)*, **traer** *(to bring)*, **saber** *(to know)*, **ver** *(to see)*, and **salir** *(to go out)* are regular -er/-ir verbs in the present tense except in the **yo** form. These are the irregular **yo** forms of the verbs.

hago	pongo	traigo	sé	veo	salgo

• **Salir + de** means *to leave (a place)*. **Saber + de** means *to know (about something)*.

Salgo del colegio a las tres.   ¿Tú sabes mucho de ciencias?
I leave school at three o'clock.   *Do you know a lot about science?*

---

25 Below is a list of things that Diego does on a school day. Write a sentence telling whether or not you do each thing yourself.

> **MODELO** Diego pone libros en una mochila.
> **Yo no pongo libros en una mochila.**

1. Diego trae comida china los viernes.

_____

2. Diego hace la tarea por la noche.

_____

3. Diego ve televisión por la tarde.

_____

4. Diego sale del colegio a las cuatro de la tarde.

_____

26 Choose the correct verb from the box to complete each of the following sentences.

_____ 1. Usted _____ algo de biología.

_____ 2. Frank y yo _____ del cine a las tres.

_____ 3. Betty, tú _____ mucho de química.

_____ 4. Yo _____ poco de matemáticas.

_____ 5. Juan y Rodolfo _____ del colegio a las dos.

a. sabe
b. salen
c. salimos
d. sé
e. sabes

48

CAPÍTULO
5

En casa con la familia

VOCABULARIO 1

1 Look at Paco's family tree. Then answer the questions below in Spanish.

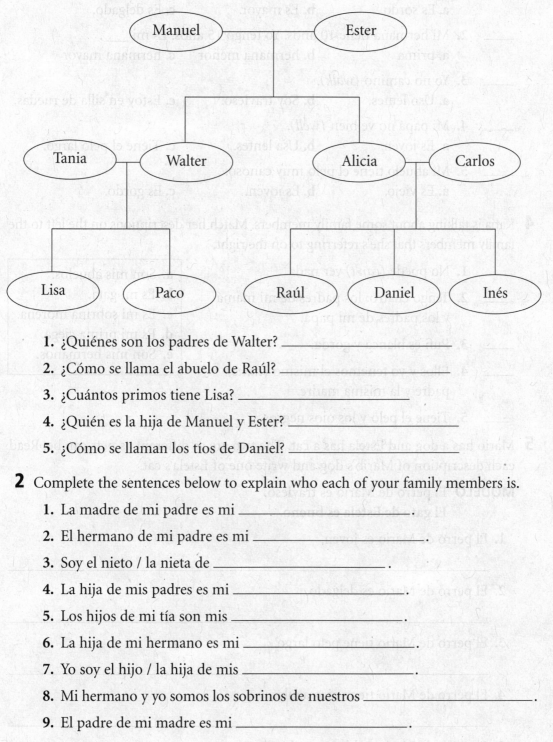

1. ¿Quiénes son los padres de Walter? _____
2. ¿Cómo se llama el abuelo de Raúl? _____
3. ¿Cuántos primos tiene Lisa? _____
4. ¿Quién es la hija de Manuel y Ester? _____
5. ¿Cómo se llaman los tíos de Daniel? _____

2 Complete the sentences below to explain who each of your family members is.

1. La madre de mi padre es mi _____.
2. El hermano de mi padre es mi _____.
3. Soy el nieto / la nieta de _____ .
4. La hija de mis padres es mi _____.
5. Los hijos de mi tía son mis _____.
6. La hija de mi hermano es mi _____.
7. Yo soy el hijo / la hija de mis _____.
8. Mi hermano y yo somos los sobrinos de nuestros _____.
9. El padre de mi madre es mi _____.

49

VOCABULARIO 1

3 Choose the correct description for each of the people below.

_____ **1.** Mi primo no oye *(hear)*.
   a. Es sordo.   **b.** Es mayor.   **c.** Es delgado.

_____ **2.** Mi hermana tiene 10 años. Yo tengo 15 años. Es mi ___.
   a. prima   **b.** hermana menor   **c.** hermana mayor

_____ **3.** Yo no camino *(walk)*.
   a. Uso lentes.   **b.** Soy travieso.   **c.** Estoy en silla de ruedas.

_____ **4.** Mi papá no ve bien *(well)*.
   a. Es joven.   **b.** Usa lentes.   **c.** Tiene el pelo largo.

_____ **5.** Mi abuelo tiene el pelo muy canoso.
   a. Es viejo.   **b.** Es joven.   **c.** Es gordo.

4 Katia is talking about some family members. Match her descriptions on the left to the family members that she's referring to on the right.

_____ **1.** No puede *(can't)* ver nada.

_____ **2.** Tengo cuatro: los padres de mi mamá y los padres de mi papá.

_____ **3.** Pufi es blanca y gorda.

_____ **4.** Ellos y yo tenemos el mismo *(same)* padre y la misma madre.

_____ **5.** Tiene el pelo y los ojos negros.

> **a.** Son mis abuelos.
> **b.** Es mi gata.
> **c.** Es mi sobrina morena.
> **d.** Es mi prima ciega.
> **e.** Son mis hermanos.

5 Mario has a dog and Estela has a cat. The two are as different as pets can be. Read each description of Mario's dog and write one of Estela's cat.

MODELO El perro de Mario es travieso.
   El gato de Estela es bueno.

1. El perro de Mario es joven.

_____

2. El perro de Mario es delgado.

_____

3. El perro de Mario tiene pelo largo.

_____

4. El perro de Mario tiene ojos azules.

_____

5. El perro de Mario es blanco *(white)*.

_____

VOCABULARIO 1

6 Look at the picture of Patty and her grandmother. Then, answer the questions below in complete sentences.

1. ¿Cómo tiene el pelo Patty? _____

2. ¿Quién está en una silla de ruedas? _____

3. ¿Quién es joven? _____

4. ¿Cómo es el pelo de la abuela? _____

5. ¿Qué usa la abuela? _____

7 Answer the following questions about yourself. Be sure to write your responses in complete sentences.

1. ¿Usas lentes?

_____

2. ¿Tienes el pelo castaño?

_____

3. ¿Cómo son tus ojos?

_____

4. ¿Cuántas personas hay en tu familia?

_____

5. ¿Tienes primos?

_____

6. ¿Tienes un(a) hermano(a)? ¿Cómo es?

_____

7. ¿Cómo se llaman tus padres?

_____

51

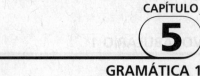
En casa con la familia

GRAMÁTICA 1

Possessive adjectives

- Possessive adjectives are used to show what belongs to whom and to describe relationships. They indicate the owner and are placed before the thing possessed.

- Possessive adjectives agree in number and gender with the thing possessed, not the owner.

One owner		*More than one owner*	
One watch	*More than one watch*	*One watch*	*More than one watch*
mi reloj	**mis** relojes	**nuestro** reloj	**nuestros** relojes
tu reloj	**tus** relojes	**vuestro** reloj	**vuestros** relojes
su reloj	**sus** relojes (él/ella)	**su** reloj	**sus** relojes (ellos/ellas)
su reloj	**sus** relojes (usted)	**su** reloj	**sus** relojes (ustedes)

- Masculine and feminine forms exist only in the **nosotros** and **vosotros** forms.

  Mi perra es blanca y negra.   Vuestra gata es de color café.

- Possessive adjectives replace the expression **de** + person.

  Enrique es el primo **de Juan.**   Enrique es **su** primo.

---

8 All the people below like to go out with members of their own family. Use the appropriate possessive adjective to show with whom each one goes out.

1. Sarita y Juan salen con (mi / su) sobrina. _____

2. Alma sale con (tus / sus) primas. _____

3. Vosotros salís con (vuestro / nuestro) tío. _____

4. Tú sales con (sus / tus) hermanas. _____

5. Yo salgo con (sus / mis) abuelos. _____

6. Ustedes salen con (sus / vuestros) hermanos. _____

7. Mi hermano sale con (su / tu) perro. _____

9 Complete each sentence with the correct possessive adjective. The owner is indicated in parentheses.

MODELO (yo) **Mis** abuelos viven con nosotros.

1. (tú)_____ hermanos son traviesos.

2. (nosotros)_____ primas tienen el pelo largo.

3. (él)_____ sobrinos tienen el pelo corto.

4. (ustedes)_____ papá tiene ojos azules.

5. (vosotras)_____ tías tienen el pelo negro.

Holt Spanish 1

Cuaderno de vocabulario y gramática

GRAMÁTICA 1

Stem-changing verbs: o → ue

- Some verbs change their stems when they are conjugated. Certain verbs such as **dormir** *(to sleep)*, **volver** *(to go or come back)*, **almorzar** *(to have lunch)*, and **llover** *(to rain)* change the **o** in their stem to **ue** in some of their conjugated forms.

yo	d**ue**rmo	nosotros(as)	dormimos
tú	d**ue**rmes	vosotros(as)	dormís
usted/él/ella	d**ue**rme	ustedes/ellos/ellas	d**ue**rmen

Mi perro **duerme** por la noche. *My dog sleeps at night.*

- **Dormir hasta** means *to sleep until* a certain time. **Duermo hasta** las ocho.

---

10 Choose the correct verb to complete the sentences about Darlene's activities with her family.

_____ 1. Los fines de semana yo ____ con mis abuelos.
   a. almuerzan   **b.** almuerzo

_____ 2. Mi hermano también ____ con nosotros.
   a. almuerza   **b.** almorzamos

_____ 3. A veces nosotros ____ en la casa de ellos los sábados.
   a. duermen   **b.** dormimos

_____ 4. Cuando ____, jugamos a juegos de mesa con los abuelos.
   a. llueve   **b.** llover

_____ 5. Mis abuelos ____ la siesta por la tarde.
   a. duerme   **b.** duermen

_____ 6. Mi hermano y yo ____ a casa en el autobús *(bus)*.
   a. vuelve   **b.** volvemos

_____ 7. Cuando tengo una reunión, mi hermano ____ a casa solo.
   a. vuelve   **b.** vuelves

11 David is telling you about what he does on Sundays. Complete each of his statements below by supplying the correct conjugated form of one of the verbs in the box.

comer	lavar	volver	dormir	almorzar

1. Los domingos casi siempre _____ hasta tarde.

2. Por la mañana, _____ la ropa.

3. Por la tarde, salgo con mi primo. A veces nosotros _____ en un restaurante.

4. Casi siempre _____ comida china.

5. A veces mi primo _____ a casa conmigo y alquilamos videos.

Holt Spanish 1

GRAMÁTICA 1

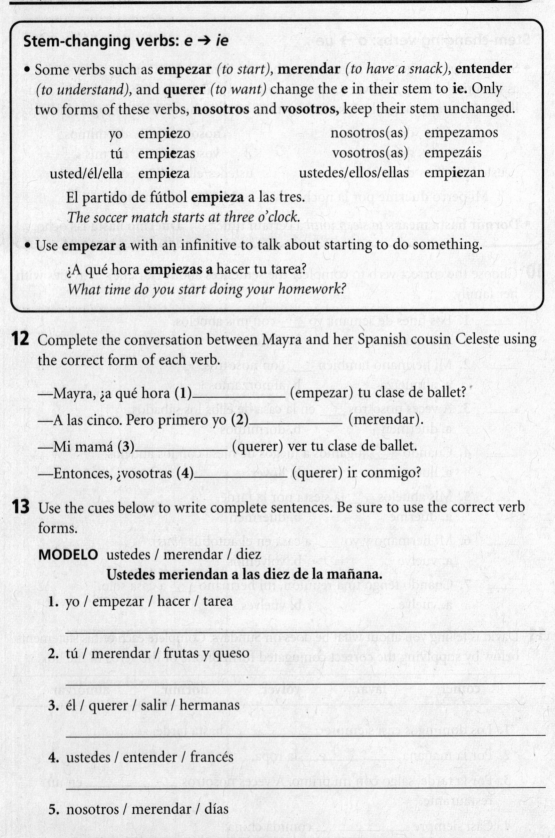

> **Stem-changing verbs: e → ie**
>
> • Some verbs such as **empezar** *(to start)*, **merendar** *(to have a snack)*, **entender** *(to understand)*, and **querer** *(to want)* change the **e** in their stem to **ie**. Only two forms of these verbs, **nosotros** and **vosotros,** keep their stem unchanged.
>
> | | | | |
> |---|---|---|---|
> | yo | emp**ie**zo | nosotros(as) | empezamos |
> | tú | emp**ie**zas | vosotros(as) | empezáis |
> | usted/él/ella | emp**ie**za | ustedes/ellos/ellas | emp**ie**zan |
>
> El partido de fútbol **empieza** a las tres.
> *The soccer match starts at three o'clock.*
>
> • Use **empezar a** with an infinitive to talk about starting to do something.
>
> ¿A qué hora **empiezas a** hacer tu tarea?
> *What time do you start doing your homework?*

12 Complete the conversation between Mayra and her Spanish cousin Celeste using the correct form of each verb.

—Mayra, ¿a qué hora **(1)**_____ (empezar) tu clase de ballet?

—A las cinco. Pero primero yo **(2)**_____ (merendar).

—Mi mamá **(3)**_____ (querer) ver tu clase de ballet.

—Entonces, ¿vosotras **(4)**_____ (querer) ir conmigo?

13 Use the cues below to write complete sentences. Be sure to use the correct verb forms.

MODELO ustedes / merendar / diez
        Ustedes meriendan a las diez de la mañana.

1. yo / empezar / hacer / tarea

_____

2. tú / merendar / frutas y queso

_____

3. él / querer / salir / hermanas

_____

4. ustedes / entender / francés

_____

5. nosotros / merendar / días

_____

　　54

En casa con la familia

14 Raquel has written descriptions of some areas in her house. Can you identify each? Choose your answers from the words in the box.

la cocina	**el patio**	**el garaje**	**la habitación**
el comedor	**el jardín**	**la sala**	**el baño**

1. donde hay muchas plantas _____

2. cuarto donde duerme Juanita _____

3. donde mis padres ponen el carro _____

4. donde me lavo el *(I wash my)* pelo _____

5. cuarto donde preparamos la comida _____

6. donde comemos cuando hace buen tiempo _____

7. cuarto donde vemos televisión _____

8. donde comemos por la noche _____

15 Complete each sentence to tell what Gilda is saying about the rooms and the furniture in her house.

1. En mi cuarto hay una cama y un _____.

2. Cuando no quiero descansar en mi cama, duermo una siesta en

   el _____.

3. Quiero poner un computador encima de *(on top of)* la _____.

4. Cuando voy a salir de la casa, abro la _____.

5. Cuando hace buen tiempo, me gusta abrir la _____ para ver el jardín.

6. En mi patio hay muchas _____.

7. En mi casa tenemos un comedor grande con una mesa grande y

   ocho _____.

8. A mis hermanitos les toca arreglar su _____ todos los días.

9. Tengo una bicicleta muy bonita y cuando llueve tengo que ponerla *(put it)*

   en el _____.

10. Por la mañana siempre me peino *(comb my hair)* en el _____.

VOCABULARIO 2

16 Your Chilean friend Fernando is describing where some of his relatives live. Can you tell in what area each one lives from what he says below?

_____ **1.** Mis primos viven en un apartamento en un edificio grande de seis pisos.

_____ **2.** Mi tía vive en una casa con un jardín muy grande y con muchos animales.

_____ **3.** Mis abuelos viven en una ciudad pequeña.

> **a.** las afueras o el campo
> **b.** la ciudad
> **c.** el pueblo

17 Identify the chore that is being done in each picture.

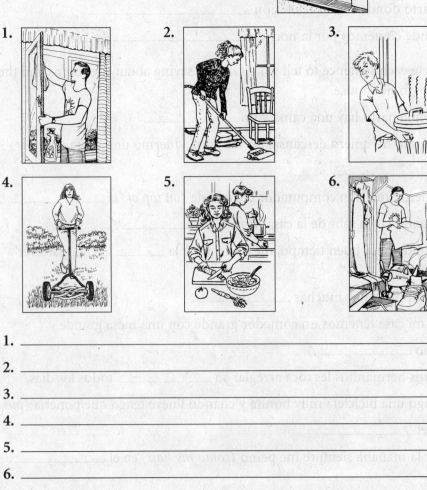

MODELO

MODELO lavar los platos

1. _____

2. _____

3. _____

4. _____

5. _____

6. _____

VOCABULARIO 2

18 Use the cues below to write Sofía's reaction to each of the following chores.
Use each expression at least once.

Me parece muy bien.	¡Qué lata!	Me parece injusto.	No es gran cosa.

1. A mí nunca me toca lavar el carro. _____

2. Mi hermano nunca saca la basura. _____

3. A veces cuido a mis hermanos pequeños. _____

4. A mi hermano le toca limpiar la sala. _____

5. Yo siempre hago los quehaceres pero mi hermana no hace nada.
_____

6. A menudo tengo que cortar el césped cuando llueve. _____

19 Read the description Roberto wrote about his house and answer the questions
below in Spanish.

Nuestra casa es algo pequeña. Está en la calle Principal, número 5D. Tiene
una cocina, una sala y tres habitaciones. Tenemos un sofá en la sala. También
hay un televisor y algunas plantas. En el comedor hay una mesa con cinco
sillas. Mi hermano, Diego, y yo tenemos una habitación con dos camas y un
escritorio. A menudo él arregla el cuarto pero casi siempre lo arreglo yo.
¡Qué lata! Y a él nunca le toca limpiar el baño. No le gusta ayudar en casa.
Mi mamá cuida a mi hermana y mi papá lava los platos.

1. ¿Cuál es la dirección de Roberto?
_____

2. ¿Quién hace los quehaceres?
_____

3. ¿Qué le toca hacer a Roberto?
_____

4. ¿Quién cuida a la hermana de Roberto?
_____

5. ¿Dónde ve televisión la familia?
_____

6. ¿Diego limpia el baño a veces?
_____

En casa con la familia

Estar with prepositions

- **Estar** is used to describe how someone is feeling. It is an irregular verb.

yo	**estoy**	nosotros	**estamos**
tú	**estás**	vosotros	**estáis**
usted/él/ella	**está**	ustedes/ellos/ellas	**están**

- Use **estar** + a preposition to say where something or someone is in relation to something else. The preposition may be more than one word.

delante de	*in front of*	**detrás de**	*behind*
cerca de	*close to, near*	**lejos de**	*far from*
encima de	*on top of, above*	**debajo de**	*under(neath)*
al lado de	*next to*		

Mi gato está **encima de** la cama.   *My cat is on top of the bed.*

---

20 Cristina's cousin has just come in the house and is looking for Cristina and her brother. Complete their conversation using the correct forms of **estar.**

—Cristina, ¿dónde (1)_____?

—Yo (2)_____ en el patio.

—¿Dónde (3)_____ tu hermano Juan?

—Él (4)_____ en el garaje.

—¿Ustedes siempre (5)_____ en la casa por la tarde?

—Sí, Juan y yo siempre (6)_____ en la casa a las cinco.

21 Read the following descriptions of Laura's room. Then, say in Spanish where the second item is in relation to the first.

MODELO La mesa no está al lado de la puerta. **La mesa está lejos de la puerta.**

1. La ventana no está detrás de la mesa.

   _____

2. La computadora no está debajo del escritorio.

   _____

3. El perro no está encima de la silla.

   _____

4. La planta no está cerca de la ventana.

   _____

Negation with *nunca, tampoco, nadie,* and *nada*

• **Nunca** *(never)* and **tampoco** *(neither, not either)* can be used in place of **no** or they can be added near the end of the sentence if the sentence already contains **no**.

Tú **nunca** cantas.	**Tampoco** bailas.
Tú no cantas **nunca**.	No bailas **tampoco**.
You never sing.	*You don't dance either.*

• Use **nada** to mean *nothing* as the subject of a sentence. Use **no** before the verb and **nada** after the verb to mean *nothing* or *not anything*.

Nada es difícil para él.	**No** necesito **nada**.
Nothing is hard for him.	*I don't need anything.*

• **Nadie** means *nobody*. To say *not anybody*, use **no** before the verb and **nadie** after the verb.

Nadie va a la playa.	¿Por qué **no** va **nadie** a la playa?
Nobody goes to the beach.	*Why doesn't anybody go to the beach?*

---

22 Restate each of the following sentences in a different way, using the word **no**.

MODELO Nunca voy a la playa. **No voy a la playa nunca.**

1. El gato nunca duerme debajo de la cama.

_____

2. Nadie arregla la sala.

_____

3. Mi hermana nunca canta en el baño.

_____

4. Yo tampoco canto en el baño.

_____

23 Write a sentence to say the opposite of each statement below.

MODELO Yo siempre corto el césped. **Yo nunca corto el césped.**

1. Todos quieren hacer sus quehaceres hoy.

_____

2. El gato siempre come el almuerzo.

_____

3. Cora necesita todo *(everything)* para la casa.

_____

59

Tocar and *parecer*

- **Tocar** + an infinitive says who has to do something or whose turn it is. You can use **tocar** just as you use **gustar**.

me toca(n)	**nos** toca(n)
te toca(n)	**os** toca(n)
le toca(n)	**les** toca(n)

  Me toca lavar los platos hoy.　　*I have to wash the dishes today.*
  　　　　　　　　　　　　　　　It's my turn to wash the dishes today.

- Use **parecer** *(to seem)* to express an opinion. It is also used like **gustar**.

me parece(n)	**nos** parece(n)
te parece(n)	**os** parece(n)
le parece(n)	**les** parece(n)

  Quiero salir. A mí **me parece** divertido.　　*I want to go out. I think it's fun.*

---

24 Write a sentence using **parecer** to say what you think of each of the following things.

MODELO ir al cine **Me parece formidable.**

1. hacer los quehaceres _____

2. ir al colegio _____

3. arreglar las habitaciones _____

4. cuidar a mis hermanos _____

25 Say what each of the following people has to do today. Then write another sentence to say what you think of each chore.

MODELO (Daniel / sacar la basura)
　　　A Daniel le toca sacar la basura. No me parece bien.

1. (mis padres / arreglar la sala)

   _____

2. (ustedes / limpiar el patio)

   _____

3. (Sergio y yo / sacar la basura)

   _____

4. (yo / cuidar a mis hermanos)

   _____

CAPÍTULO

¡A comer!

1 **El almuerzo de Eugenia está muy rico.** Say whether each of the following statements about Eugenia's lunch is **lógico** or **ilógico.**

_____ 1. El sándwich de queso es de atún.

_____ 2. El jugo de naranja no tiene salsa picante.

_____ 3. La leche está salada.

_____ 4. El helado está frío.

_____ 5. La ensalada de frutas está caliente.

_____ 6. Las servilletas están riquísimas.

_____ 7. El vaso no tiene sopa.

2 The following items are either foods or place settings. Write each one under the correct category.

el queso	la servilleta	el jamón	el tenedor	el jugo
el vaso	el refresco	la ensalada	el plato hondo	el cuchillo
las papas	el plato	el atún	la cuchara	

Food	Place settings

3 **Es la hora del almuerzo.** Match each description on the left with the name of a food on the right.

_____ 1. Es rojo y muy rico para tomar.

_____ 2. Me gusta comer esto *(this)* de frutas
o de verduras.

_____ 3. Es un postre delicioso.

_____ 4. Son saladas, calientes y muy buenas con
las hamburguesas.

_____ 5. Es bueno comer esto con la comida mexicana.

> **a.** la salsa picante
> **b.** el jugo de tomate
> **c.** el flan
> **d.** las papas fritas
> **e.** la ensalada

(61)

4 Number the sentences in order to make a logical conversation between Diana and her waiter. The first one has been done for you.

_____ ¿Y para tomar?

_____ ¿Desea algo de postre?

_____ Para tomar, quiero un vaso de agua.

__1__ ¿Qué desea usted?

_____ ¿Algo más?

_____ Quisiera un sándwich de jamón.

_____ Sí, ¿me trae un helado, por favor?

_____ ¿Me trae la cuenta, por favor?

5 Alfredo's waiter has brought his lunch but forgot to bring place settings. Tell what Alfredo needs in order to eat the following foods.

MODELO el agua **un vaso**

1. el sándwich de atún _____

2. el jugo de naranja _____

3. la sopa de verduras _____

4. la ensalada _____

5. las papas fritas _____

6 Lourdes is training to be a waitress in her family's café. Write the question that she would ask for each of the given answers.

1. _____

   Quisiera un sándwich de atún.

2. _____

   Para tomar quiero jugo de naranja.

3. _____

   ¡La sopa está riquísima, gracias!

4. _____

   Sí, quiero un flan.

5. _____

   ¿Nos trae la cuenta, por favor?

7 Marú siempre come en la cafetería. Con base en *(based on)* el menú, contesta **cierto** o **falso** para cada oración *(sentence)*.

Cafetería del Colegio Buendía
Menú de la semana

lunes	hamburguesa con tomate, papas fritas
martes	sándwich de atún, flan, leche
miércoles	sopa de verduras, ensalada de papas
jueves	sándwich de jamón con tomate y queso, fruta
viernes	pizza de queso, jugos

_____ **1.** El lunes Marú come hamburguesa con papas fritas.

_____ **2.** La cafetería sirve *(serves)* refrescos.

_____ **3.** El viernes la cafetería tiene pizza de jamón.

_____ **4.** El martes Marú come sándwich y postre.

_____ **5.** Los estudiantes del Colegio Buendía comen papas.

8 Fernanda is ordering in a restaurant, but she only likes fruit salad. Write her response to each suggestion her friends make. Use each expression from the box in your answers.

salada	de acuerdo	encanta	nunca	¡Ay no!

1. —¿Qué tal si pruebas un sándwich de queso?

_____

2. —Aquí preparan muy bien la salsa picante.

_____

3. —¿Qué tal está la ensalada de verduras?

_____

4. —¿Qué tal si pides una sopa de tomate?

_____

5. —¡Qué rica está la ensalada de frutas!

_____

(**63**)

¡A comer!

Ser and estar

- Both **ser** and **estar** are used for the verb *to be* in English.
- Use the verb **estar:**

  1) to say where someone or something is located.　　La leche **está** en la mesa.
  2) to ask and say how someone is doing.　　El hombre **está** bien.
  3) to say how something tastes, looks, or feels
     at a certain time.　　El flan **está** rico.

- Use the verb **ser:**

  1) to tell the time, the day, or the date.　　**Es** la una. Hoy **es** lunes.
  2) to identify someone.　　Ésta **es** la profesora.
  3) to say where someone is from.　　Ella **es** de Perú.
  4) to describe what someone or something
     is normally like.　　La leche **es** rica.

---

9 Señora Vidales left the following instructions for the babysitter. Complete them using the correct forms of **ser** and **estar.**

Hola, ¿cómo **(1)**_____? Los sándwiches para el almuerzo

(2)_____ en la cocina. **(3)**_____ fríos.

La sopa de Susanita **(4)**_____ de verduras. La señora Vásquez

va a venir a las 3:00 para limpiar la casa. Ella **(5)**_____ delgada

con el pelo castaño y **(6)**_____ de Venezuela. Hoy yo regreso

del trabajo a las 4:30 porque **(7)**_____ viernes. Los números

de teléfono de emergencia **(8)**_____ al lado del teléfono.

10 The following sentences are generalizations about types of food. Rewrite them to talk about what Jimena and Rodrigo are eating for lunch today.

MODELO El flan es dulce *(sweet)*. **El flan está dulce.**

1. El queso es horrible. _____

2. La sopa es caliente. _____

3. Las papas fritas son buenas. _____

4. La salsa de tomate es picante. _____

5. La ensalada de frutas es rica. _____

6. El jamón es salado. _____

Holt Spanish 1　　　　　　　　　　　　　　　　　　Cuaderno de vocabulario y gramática

GRAMÁTICA 1

> *Pedir* and *servir*
>
> The **e** changes to **i** in all the present tense forms of **pedir** *(to ask for, to order)* and **servir** *(to serve)*, except the **nosotros** and **vosotros** forms.
>
> | | | | |
> |---|---|---|---|
> | yo | pido, sirvo | nosotros(as) | pedimos, servimos |
> | tú | pides, sirves | vosotros(as) | pedís, servís |
> | usted/él/ella | pide, sirve | ustedes/ellos/ellas | piden, sirven |
>
> Yo **pido** ensalada para el almuerzo.   ¿Qué **sirven** en este restaurante?
> *I order salad for lunch.*   *What do they serve in this restaurant?*

---

11 Escoge la forma correcta del verbo **servir** para decir qué sirve cada persona.

_____ 1. ¿Qué comida ____ ustedes?
      a. sirvo   **b.** sirven

_____ 2. Yo ____ comida mexicana en mi casa.
      a. servir   **b.** sirvo

_____ 3. Amalia ____ refrescos y papas fritas en su fiesta.
      a. sirve   **b.** sirven

_____ 4. Nosotros ____ jugo y agua para el almuerzo.
      a. servís   **b.** servimos

_____ 5. Tú ____ postre después de la comida.
      a. sirves   **b.** sirven

12 Escribe quién pide estas comidas en el restaurante. Sigue el **modelo**.

MODELO Leslie / papas **Leslie pide las papas.**

1. tú y yo / sándwiches de queso y tomate

_____

2. Elsa y Ben / sopa

_____

3. usted / ensalada de verduras

_____

4. tú / jugo de naranja

_____

5. Papá / salsa picante

_____

6. mi amiga / atún

_____

  65

GRAMÁTICA 1

Preferir, poder, and probar

- The **e** in the stem of **preferir** changes to **ie**, except in the **nosotros** and **vosotros** forms. Use **preferir** with a noun to say what one *prefers;* use **preferir** with a verb to say what one *prefers to do.*

yo	pref**ie**ro		nosotros(as)	preferimos
tú	pref**ie**res		vosotros(as)	preferís
usted/él/ella	pref**ie**re		ustedes/ellos/ellas	pref**ie**ren

- The **o** in **poder** and **probar** changes to **ue**, except in the **nosotros** and **vosotros** forms. Use **poder** + an infinitive to ask a favor or to say what someone *can, may,* or *is able* to do. **Probar** means *to taste* or *to try* something.

yo	p**ue**do, pr**ue**bo		nosotros(as)	podemos, probamos
tú	p**ue**des, pr**ue**bas		vosotros(as)	podéis, probáis
usted/él/ella	p**ue**de, pr**ue**ba		ustedes/ellos/ellas	p**ue**den, pr**ue**ban

¿Puedes traer el queso, por favor?　　¿Por qué no **pruebas** la sopa?
Can you please bring the cheese?　　*Why don't you try the soup?*

---

13 Everyone in Elena's family wants to eat different things. Choose the correct form of **preferir** to say what each one prefers.

MODELO La hermana (prefiero / prefiere) sopa de verduras. **prefiere**

1. Yo (preferimos / prefiero) el queso. _____

2. Julio y tú (prefieren / prefieres) la sopa. _____

3. Elena y yo (preferimos / prefiere) un sándwich. _____

4. Usted (prefieren / prefiere) tomar jugo. _____

5. Los padres (preferís / prefieren) comer una ensalada. _____

14 Use the correct forms of the verbs **preferir, poder, probar,** and **pedir** to complete Josefina's description of a typical evening at a restaurant with her little sister.

Yo **(1)**_____ no salir a los restaurantes con mi

hermanita. Ella **(2)**_____ ser terrible. Cuando nosotros

(3)_____ la comida, mi hermana **(4)**_____

jugo y refrescos pero no **(5)**_____ la sopa. Tampoco prueba

la comida y nosotros no **(6)**_____ comer en paz *(in peace)*.

Los camareros *(waiters)* no **(7)**_____ traerle *(bring her)*

nada. ¡Ellos **(8)**_____ no servir nuestra mesa!

¡A comer!

15 Match each food with its correct description.

_____ 1. Es una fruta.

_____ 2. Es un desayuno.

_____ 3. Es una cena.

_____ 4. Es para tomar.

_____ 5. Es una verdura.

_____ 6. Es un postre.

> **a.** la manzana
> **b.** el flan
> **c.** la zanahoria
> **d.** arroz con pollo
> **e.** chocolate y pan tostado
> **f.** agua

16 Humberto prepara la comida para su familia esta semana. Escribe **lógico** o **ilógico** para cada oración *(sentence)*.

_____ 1. Humberto sirve carne con arroz y verduras para la cena.

_____ 2. Humberto prepara sándwiches de leche con bróculi.

_____ 3. Humberto necesita verduras para la ensalada de frutas.

_____ 4. Humberto saca el agua del horno.

_____ 5. Humberto pone el pollo en el microondas.

_____ 6. Humberto siempre prepara pescado para el desayuno.

_____ 7. Humberto prepara café con leche para dormir.

_____ 8. Humberto prepara jugo con unas naranjas.

17 Escribe si las personas comen **el desayuno** o **la cena**. Sigue el **modelo**.

MODELO Eduardo come pescado con espinacas. **Eduardo come la cena.**

1. Miguel come bróculi, arroz y carne.

_____

2. Angélica y Celia beben café con leche y comen pan tostado.

_____

3. Tomás come dos huevos y tocino, y bebe jugo de naranja.

_____

4. Alberto come maíz y pastel.

_____

5. Isabel come cereales y pan dulce.

_____

6. Joaquín y Sarita comen zanahorias y pollo.

_____

VOCABULARIO 2

18 Irina likes healthful food, but Gloria doesn't. Answer the following questions about their likes and dislikes.

> **MODELO** ¿A Irina le gusta más el café o el jugo de naranja?
> **Le gusta más el jugo de naranja.**

1. ¿Qué desayuna Gloria, pan dulce o cereales con leche?

_____

2. ¿Gloria prefiere merendar refrescos y chocolates o una naranja?

_____

3. ¿Cuál es el almuerzo de Irina, una ensalada de verduras o una pizza?

_____

4. Después del colegio, ¿come Gloria papas fritas o jugo de naranja?

_____

5. ¿A Irina le gusta más el helado o las frutas?

_____

19 Arnie's always asking his mother **¿Necesitas ayuda?** Write the letter of the picture that illustrates each of his mother's requests below.

a.　　　　　　b.　　　　　　c.　　　　　　d.

_____ 1. Pon el pastel en el horno.

_____ 2. ¿Por qué no preparas los sándwiches?

_____ 3. Saca el flan del refrigerador, cariño.

_____ 4. Pon la mesa, por favor.

68

20 Enrique llega a casa con mucha hambre. Completa su conversación con su padre con las palabras del cuadro *(box)*.

puedo ayudar	tengo mucha hambre	microondas	ponlo
saca	vamos a cenar	por qué no	

Enrique ¡Hola, Papá! ¿Qué hay de cena? (1)_____.

El padre (2)_____ carne, papas y espinacas.

Enrique Mmm, muy bueno. ¿(3)_____?

El padre Sí, (4)_____ el pollo del refrigerador.

Enrique Claro. ¿Dónde lo pongo?

El padre (5)_____ en el (6)_____.

Enrique ¿Algo más?

El padre ¿(7)_____ preparas las papas?

Enrique ¡Claro que sí!

21 Maribel quiere ayudar a preparar la cena. Escribe una respuesta para cada pregunta de Maribel.

MODELO —¿Qué hay de cena? —**Vamos a cenar pollo y maíz.**

1. —¿Puedo ayudar? _____

2. —¿Puedo ayudar más? _____

3. —¿Pongo la mesa? _____

4. —¿Algo más? _____

5. —¿Qué vamos a tomar? _____

22 Marcos is a very big eater. What answer might he give to each of the following questions?

1. ¿Qué desayunas? _____

   _____

2. ¿Qué quieres hoy de almuerzo? _____

   _____

3. ¿Qué hay de cena? _____

   _____

69

¡A comer!

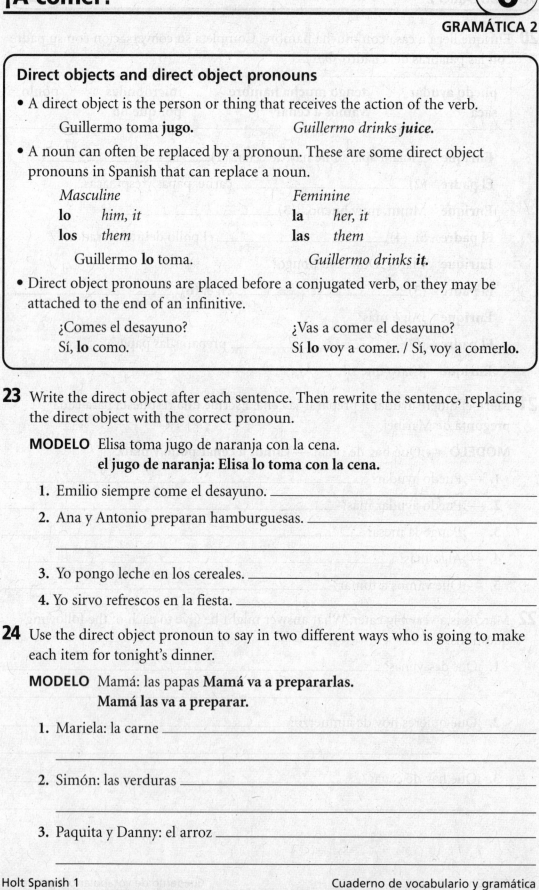

Direct objects and direct object pronouns

- A direct object is the person or thing that receives the action of the verb.

    Guillermo toma **jugo.**   *Guillermo drinks **juice.***

- A noun can often be replaced by a pronoun. These are some direct object pronouns in Spanish that can replace a noun.

    Masculine   *Feminine*
    lo   *him, it*   **la**   *her, it*
    los   *them*   **las**   *them*

        Guillermo **lo** toma.   *Guillermo drinks **it.***

- Direct object pronouns are placed before a conjugated verb, or they may be attached to the end of an infinitive.

    ¿Comes el desayuno?   ¿Vas a comer el desayuno?
    Sí, **lo** como.   Sí **lo** voy a comer. / Sí, voy a comer**lo.**

23 Write the direct object after each sentence. Then rewrite the sentence, replacing the direct object with the correct pronoun.

MODELO Elisa toma jugo de naranja con la cena.
el jugo de naranja: Elisa lo toma con la cena.

1. Emilio siempre come el desayuno. _____

2. Ana y Antonio preparan hamburguesas. _____

_____

3. Yo pongo leche en los cereales. _____

4. Yo sirvo refrescos en la fiesta. _____

24 Use the direct object pronoun to say in two different ways who is going to make each item for tonight's dinner.

MODELO Mamá: las papas **Mamá va a prepararlas.**
Mamá las va a preparar.

1. Mariela: la carne _____

_____

2. Simón: las verduras _____

_____

3. Paquita y Danny: el arroz _____

_____

70

Affirmative informal commands

- Use **affirmative informal commands** when you want to give instructions to someone that you would address with the **tú** form.
- To form this type of command, drop the final **s** from the present-tense **tú** form.

  *Present-tense **tú** form*   *Affirmative informal command*
  tú hablas *you speak*   **habla** *speak*
  tú escribes *you write*   **escribe** *write*
  tú pides *you ask for*   **pide** *ask for*
     Pide un huevo para el desayuno.   **Ask for** an egg for breakfast.

- The affirmative informal command is irregular in certain verbs: **tú tienes (ten)**, **tú vienes (ven)**, **tú pones (pon)**, **tú vas (ve)**, **tú eres (sé)**, **tú haces (haz)**, and **tú sales (sal)**.

- Below are some verbs you might use in the kitchen.

  tú calientas *you heat*   **calienta** *heat*
  tú sacas *you take out*   **saca** *take out*
  tú cortas *you cut*   **corta** *cut*
  tú abres *you open*   **abre** *open*
  tú mezclas *you mix*   **mezcla** *mix*

---

25 Lola wants to throw a party, but she needs help. Tell her friends what to do by answering their questions with informal commands.

> **MODELO** ¿Escribo invitaciones para mis amigos?
>   **Sí, escribe invitaciones para tus amigos.**

  1. ¿Pongo las sillas en el comedor? _____

  2. ¿Voy al mercado *(market)* hoy? _____

  3. ¿Vengo temprano para ayudar? _____

  4. ¿Qué postre hago? _____

  5. ¿Pido ayuda para organizar la fiesta? _____

26 Raúl is about to start preparing dinner. Tell him four things he should do using affirmative informal commands.

> **MODELO** mezclar **Mezcla el jugo.**

  1. calentar _____

  2. sacar _____

  3. cortar _____

  4. abrir _____

---

(71)

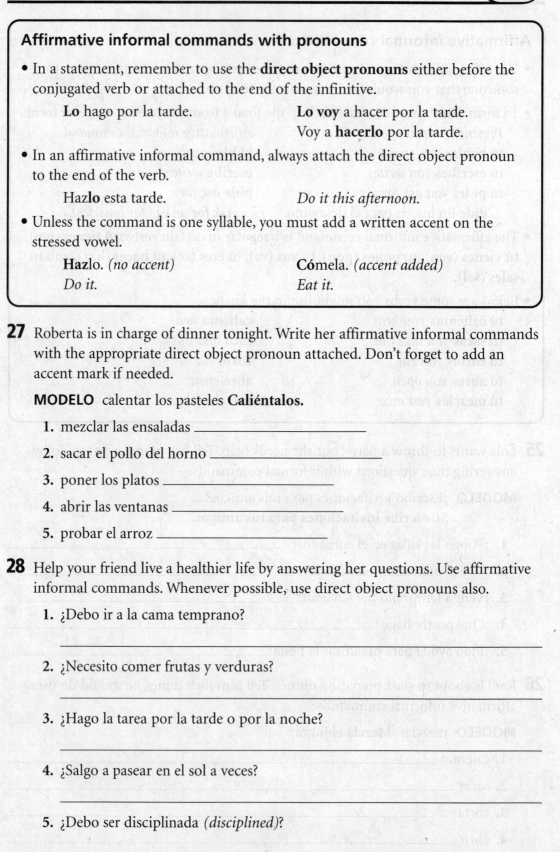

Affirmative informal commands with pronouns

- In a statement, remember to use the **direct object pronouns** either before the conjugated verb or attached to the end of the infinitive.

  Lo hago por la tarde.   **Lo voy** a hacer por la tarde.

                       Voy a **hacerlo** por la tarde.

- In an affirmative informal command, always attach the direct object pronoun to the end of the verb.

  Hazlo esta tarde.   *Do it this afternoon.*

- Unless the command is one syllable, you must add a written accent on the stressed vowel.

  Hazlo. *(no accent)*   **Có**mela. *(accent added)*

  Do it.   *Eat it.*

27 Roberta is in charge of dinner tonight. Write her affirmative informal commands with the appropriate direct object pronoun attached. Don't forget to add an accent mark if needed.

     MODELO calentar los pasteles **Caliéntalos.**

       1. mezclar las ensaladas _____

       2. sacar el pollo del horno _____

       3. poner los platos _____

       4. abrir las ventanas _____

       5. probar el arroz _____

28 Help your friend live a healthier life by answering her questions. Use affirmative informal commands. Whenever possible, use direct object pronouns also.

       1. ¿Debo ir a la cama temprano?

       _____

       2. ¿Necesito comer frutas y verduras?

       _____

       3. ¿Hago la tarea por la tarde o por la noche?

       _____

       4. ¿Salgo a pasear en el sol a veces?

       _____

       5. ¿Debo ser disciplinada *(disciplined)*?

       _____

Cuerpo sano, mente sana

1 Indica la palabra *(word)* que no pertenece a las listas.

1. el cepillo de dientes   el brazo   la espalda   _____

2. los dientes   la boca   el piyama   _____

3. la secadora de pelo   la nariz   la cara   _____

4. la pierna   el peine   la pantorrilla   _____

5. la navaja   los hombros   el pecho   _____

2 Javier talks about his routine. Choose a logical ending for each of his sentences below.

_____ 1. Antes del desayuno voy a ponerme ____.
   a. la ropa   **b.** el brazo   **c.** la espalda

_____ 2. Voy a afeitarme. Necesito ____.
   a. el peine   **b.** el maquillaje   **c.** la navaja

_____ 3. Hago ejercicio todos los días. Yo ____.
   a. encuentro la toalla   **b.** me acuesto   **c.** levanto pesas

_____ 4. Antes de entrenarme tengo que ____.
   a. estirarme   **b.** lavarme la cara   **c.** afeitarme

_____ 5. Me gusta montar en bicicleta. Es buen ejercicio para ____.
   a. la cara   **b.** la nariz   **c.** las pantorrillas

_____ 6. También entreno mucho las piernas. Todos los días ____.
   a. escucho música   **b.** corro   **c.** duermo la siesta

_____ 7. Quiero dormir. Voy a ____.
   a. peinarme   **b.** acostarme   **c.** secarme el pelo

3 Frida quiere saber qué va a hacer su hermana menor por la mañana. Escribe las palabras correctas para completar la respuesta *(answer)*.

Por la mañana voy a **(1)**_____ temprano. Luego voy a

(2)_____ y voy a secarme con una **(3)**_____.

Ah, también voy a secarme el pelo con una **(4)**_____. Voy a

(5)_____ con un peine y por último voy a lavarme los

dientes con un **(6)**_____ y con **(7)**_____.

VOCABULARIO 1

4 After each of the following statements say whether you agree (**sí**) or disagree (**no**).

1. Primero voy a acostarme y luego voy a ponerme el piyama. _____

2. Antes de bañarme voy a quitarme la ropa. _____

3. Primero voy a ponerme los zapatos y después voy a bañarme. _____

4. Después de maquillarme, voy a lavarme la cara. _____

5. Quiero entrenar la espalda. Voy a levantar pesas. _____

5 Match the following things people do with the parts of the body they use to do them.

_____ 1. Yo patino todos los días.

_____ 2. Yo casi siempre canto.

_____ 3. Yo juego al tenis.

_____ 4. Yo levanto pesas.

a. la boca
b. los hombros y los brazos
c. las piernas y las pantorrillas
d. el brazo y las piernas

6 Escribe dos actividades en cada columna para decir qué haces antes de salir, para relajarte o para mantenerte en forma.

antes de salir	para relajarte	para mantenerte en forma

7 For each of the items pictured below, write Toñita's explanation of what she is going to do with it.

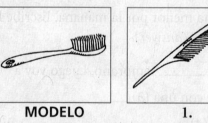
MODELO

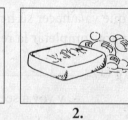
1.

2. **3.**

MODELO Voy a lavarme los dientes con el cepillo de dientes.

1. _____

2. _____

3. _____

(74)

VOCABULARIO 1

8 Sonia y Patricia tienen mucha prisa porque van a una fiesta. Usa las palabras del cuadro (box) para completar su conversación.

toalla	prepararme	maquillaje	lista	acabo de	falta	encuentro

Sonia Patricia, ya son las siete. Voy a (1)_____

para la fiesta. ¿Qué te (2)_____ hacer?

Patricia Solamente (only) el (3)_____. ¿Y tú?

Sonia Tampoco estoy (4)_____. No

(5)_____ el peine.

Patricia Está en la habitación. Yo tengo que secarme el pelo. ¿Tienes la

(6)_____?

Sonia No. ¡(7)_____ ponerla en el baño!

9 You are getting ready for school in the morning. Write what you do at each of the following times.

MODELO 6:30 A.M. **despertarme**

1. 6:40 A.M. _____

2. 6:45 A.M. _____

3. 7:00 A.M. _____

4. 7:15 A.M. _____

5. 7:30 A.M. _____

10 For each pair of things below, write a sentence to say which you have to do first. Follow the **modelo.**

MODELO entrenarme / estirarme **Tengo que estirarme antes de entrenarme.**

1. maquillarme / lavarme la cara _____

_____

2. despertarme / levantarme _____

_____

3. ponerme el piyama / quitarme la ropa _____

_____

4. ponerme el piyama / acostarme _____

_____

Cuerpo sano, mente sana

GRAMÁTICA 1

Verbs with reflexive pronouns

• Use a **reflexive pronoun** to show that the subject and object of the verb are the same. Be sure to use the pronoun that agrees with the subject.

yo	**me** levanto	nosotros(as)	**nos** levantamos
tú	**te** levantas	vosotros(as)	**os** levantáis
usted/él/ella	**se** levanta	ustedes/ellos/ellas	**se** levantan

• Some verbs can be used reflexively or not reflexively, depending on who or what the object is.

Yo **me despierto**.   Yo **despierto** a **José**.
I wake up.   *I wake José up.*

• Place **reflexive pronouns** before a conjugated verb or attached to an **infinitive**.

Nosotras **nos** relajamos.   Nosotras queremos relajar**nos**.
We relax.   *We want to relax.*

• Use **el, la, los,** or **las** after reflexive verbs with parts of the body or clothing.

Voy a ponerme **los** zapatos.
I'm going to put my shoes on.

---

11 Write the subject and the object of each sentence on the lines that follow it.

MODELO Tú te bañas por la noche. *subject:* **tú** *object:* **tú**

1. Vosotros os afeitáis. *subject:* __vosotros__ *object:* __vosotros__

2. Tú peinas a tu hermana. *subject:* __tu__ *object:* __tu hermana__

3. Yo me visto temprano. *subject:* __yo__ *object:* __yo__

4. Él y yo nos entrenamos. *subject:* __el y yo__ *object:* __nosotros__

5. María baña al perro. *subject:* __María__ *object:* __el perro__

12 Estas personas siempre hacen las mismas cosas. Escribe qué hacen hoy y qué van a hacer mañana. Sigue el modelo.

MODELO David / afeitarse **David se afeita hoy y va a afeitarse mañana.**

1. ustedes / entrenarse __ustedes es entrenan y van a entrenar__

2. nosotros / estirarse __nosotros nos estramos y__
   __voy a estiramos mañana.__

3. yo / levantarse __Me levanto y voy a levantarne.__

4. Marcos / bañarse __Marcos se baña y se va a__
   __bañarse mañana.__

(76)

GRAMÁTICA 1

13 Complete each sentence logically by adding a definite article and a word from the box.

reloj	piernas	zapatos	cara

1. Voy a quitarme _los zapatos_.

2. Vamos a lavarnos _la cara/las piernas_.

3. María quiere maquillarse _la cara_.

4. Ustedes tienen que ponerse _el reloj, /los zapatos_

Using infinitives

• When a conjugated verb is followed by an infinitive, you can place the **reflexive pronoun** before the conjugated verb or attach it to the end of the infinitive.

    Yo **quiero acostarme** temprano.   Yo **me quiero acostar** temprano.
                I want to go to bed early.

• Use **acabar de** + an infinitive to indicate what has just been done. Conjugate **acabar** in the present tense.

    Mi mamá **acaba de** llegar.
    My mom just arrived.

• **Para** + an infinitive explains what you do something for. Other prepositional phrases such as **antes de** and **después de** are also followed by an infinitive.

    Voy a salir temprano **para** llegar a tiempo al colegio.
    I'm going to leave early in order to get to school on time.

---

14 Escribe dos oraciones para decir si quieres hacer o no quieres hacer las siguientes *(following)* cosas.

    MODELO bañarse en la piscina **No quiero bañarme en la piscina. / No me quiero bañar en la piscina.**

1. acostarse temprano _No quiero acostarme temprano. Yo quiero acostarme temprano._

2. secarse el pelo _No quiero secarme el pelo._

3. afeitarse todos los días _Yo quiero afeitarme todos los días._

4. maquillarse hoy _____

5. entrenarse los fines de semana _____

15 You want to know if your friends are ready to go. Read what they say below. Then complete their sentences with **acabar de, para, antes de** or **después de.**

1. _____ ponerme jabón en la cara y voy a afeitarme.

2. Nosotros vamos a lavarnos los dientes _____ desayunar.

3. Tengo que secarme porque _____ bañarme.

4. Tengo que lavarme la cara _____ maquillarme.

5. Voy a vestirme _____ salir.

6. No voy a salir. Quiero leer una revista _____ relajarme.

Review of stem-changing verbs

• Verbs can change their stems in three ways: **o** to **ue, e** to **ie,** and **e** to **i.** Only the **nosotros** and **vosotros** forms do not have a stem change.

o to ue (acostarse)	e to i (vestirse)	e to ie (querer)
me ac**ue**sto	me v**i**sto	qu**ie**ro
te ac**ue**stas	te v**i**stes	qu**ie**res
se ac**ue**sta	se v**i**ste	qu**ie**re
nos acostamos	nos vestimos	queremos
os acostáis	os vestís	queréis
se ac**ue**stan	se v**i**sten	qu**ie**ren
¿A qué hora te **acuestas?**	Él se **viste** temprano.	**Quiero** salir.
What time do you go to bed?	*He dresses early.*	*I want to go out.*

---

16 Complete the following sentences with the correct form of a verb from the box.

pedir	encontrar	acostar	poder

1. No _____ el jabón.

2. Cuando mi hermana quiere mi peine, ella lo _____.

3. Yo no _____ abrir la pasta de dientes.

4. Mis hermanos se _____ cuando tienen ganas de dormir.

17 Completa el horario *(schedule)* de Martín con la forma correcta de cada verbo.

Yo (1)_____ (empezar) el día temprano los domingos. Primero

(2)_____ (vestirse). Si no (3)_____ (llover), Papá y yo

(4)_____ (jugar) al básquetbol un rato y luego yo (5)_____ (pedir)

algo para desayunar. Él toma café pero yo (6)_____ (preferir) chocolate.

Cuerpo sano, mente sana

VOCABULARIO 2

18 Mira los dibujos de estas personas. Luego, para cada dibujo contesta la pregunta: «¿Qué te pasa?»

1.   2.   3.

4.   5.   6.

1. **Estoy enfermo. Me duele la cabeza.** _____

2. _____

3. _____

4. _____

5. _____

6. _____

19 Estas personas tienen problemas. ¿Cómo se siente cada una? Escoge *(choose)* una respuesta de la columna derecha *(right column)* para cada persona.

_____ 1. Berta tiene un examen hoy.

_____ 2. Alí no quiere hacer nada.

_____ 3. Manuel está muy bien.

_____ 4. Mi mejor amigo está lejos de aquí.

_____ 5. Elena no duerme lo suficiente.

a. Está cansada.
b. Está nerviosa.
c. Está aburrido.
d. Estoy triste.
e. Está contento.

79

VOCABULARIO 2

20 Place a number in front of each body part to put them in order from top to bottom.

_____ el estómago

_____ el cuello

_____ el pie

_____ el oído

_____ la boca

21 Decide qué cosas debes hacer para cuidarte mejor y qué cosas no debes hacer. Luego, escribe cada una en la columna apropiada *(appropriate column)*. El primero ya se hizo *(has been done)*.

ver demasiada televisión	dormir lo suficiente	hacer yoga
acostarte muy tarde	caminar	comer mucha grasa
comer tanto dulce	dejar de fumar	seguir una dieta sana
fumar		

Para cuidarte mejor, debes _____.	No debes _____.
dejar de fumar	

22 Quieres saber cómo se sienten tus amigos. Escoge *(choose)* la mejor respuesta para cada cosa que les dices.

_____ 1. ¿Te duele algo?

    a. Me siento un poco cansado.   **b.** Me duele la garganta.

_____ 2. ¿Qué tiene Alberto?

    a. Está bastante contento.   **b.** Está un poco enfermo.

_____ 3. Pepe, ¿estás nervioso?

    a. Sí, necesito ver más televisión.   **b.** Sí, necesito hacer yoga.

_____ 4. Te veo mal. ¿Qué te pasa?

    a. Me siento muy contento.   **b.** Es que me siento un poco triste.

_____ 5. ¿Por qué no comes mucha grasa?

    a. Porque quiero bajar de peso.   **b.** Porque quiero subir de peso.

   80

VOCABULARIO 2

23 All your friends seem to be sick lately. Write a sentence with the advice you might give to each one.

> **MODELO** Me siento muy cansado. **Debes dormir lo suficiente.**

   1. Siempre me duele la garganta. _____

   2. Estoy aburrida. _____

   3. Estoy enfermo a menudo. _____

   4. Tengo que bajar de peso. _____

24 Say how often these situations apply to you.

> **MODELO** caminar **Yo camino todos los días.**

   1. ver demasiada televisión _____

   2. estar nervioso(a) _____

   3. comer mucho dulce _____

   4. dormir lo suficiente _____

   5. comer verduras y frutas _____

   6. lavarse las manos _____

25 Read each sentence below. If it is logical, write **lógica** on the line. If it is illogical, then rewrite the sentence so that it is logical.

> **MODELO** Para relajarte debes fumar. **Para relajarte debes hacer yoga.**

   1. Para cuidarte mejor, debes ver mucha televisión. _____.

_____

   2. Si buscas un pasatiempo, ¿por qué no te acuestas más temprano? _____

_____

   3. Una dieta sana tiene muchas verduras y poca grasa. _____

_____

   4. Para no estar cansado necesitas dormir lo suficiente. _____

_____

   5. Yo estoy aburrido porque no tengo una dieta. _____

_____

   6. Lina tiene un catarro horrible. Le duele el pie. _____

_____

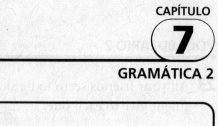
Cuerpo sano, mente sana

GRAMÁTICA 2

> ### *Estar, sentirse,* and *tener*
>
> - Use **ser** *(to be)* to say what things are generally like. Use **estar** *(to be)* with adjectives to talk about specific states or conditions.
>
>   Ella **es** rubia.   Hoy ella **está** contenta.
>
> - Use **sentirse** *(to feel)* the same way you use **estar,** with adjectives or with adverbs like **bien** or **mal.**
>
> | | | | |
> |---|---|---|---|
> | yo | me s**ie**nto | nosotros (as) | nos sentimos |
> | tú | te s**ie**ntes | vosotros (as) | os sentís |
> | usted/él/ella | se s**ie**nte | ustedes/ellos/ellas | se s**ie**nten |
>
>   ¿Te sientes **bien**?   Sí, me siento **contento.** Me siento **bien.**
>
> - Use **tener** + a noun to describe a mental or physical state.
>
> | **tener sueño** | **tener miedo** | **tener calor** | **tener frío** |
> |---|---|---|---|
> | *to be sleepy* | *to be afraid* | *to be hot* | *to be cold* |

---

26 Gabriel y sus amigos no se sienten muy bien hoy. Completa su descripción con las formas correctas de **ser** o **estar.**

Mi amigo Sancho (**1**)_____ muy simpático pero hoy (**2**)_____

un poco antipático. No sé qué le pasa. Quizás *(maybe)* (**3**)_____

enfermo. Chavita y Tomás casi siempre (**4**)_____ graciosos pero hoy

(**5**)_____ serios. Yo (**6**)_____ activo pero hoy no quiero hacer

nada porque (**7**)_____ cansado.

27 Escribe cómo se sienten estas personas. Sigue el **modelo.**

MODELO A Felipe le duele la cabeza. **Se siente enfermo.**

1. Raúl y yo no queremos ir a ninguna parte. _____

2. Lina no duerme lo suficiente. _____

3. Luis y tú tienen catarro. _____

4. Usted quiere cantar y bailar. _____

28 Escribe una oración para decir si cada persona tiene **calor, frío, miedo** o **sueño.**

1. Santiago quiere dormir. _____

2. Hoy nieva y Amanda no tiene abrigo *(coat)*. _____

3. Mateo va a presentar un examen muy difícil. _____

4. Carolina corre en el parque cuando hace mucho sol. _____

Holt Spanish 1   Cuaderno de vocabulario y gramática

Negative informal commands

- An **informal affirmative command** tells someone to do something. It is usually formed by taking the present tense **tú** form of the verb and dropping the final **s**.

   Come bien y **bebe** mucha agua. *Eat well and drink a lot of water.*

- Use an **informal negative command** to tell someone *not* to do something. For most **-ar** verbs, take the present tense **yo** form, and replace the final **o** with **-es**.

   (yo) baj**o**   no baj**es**

   No baj**es** de peso. *Don't lose weight.*

- For most **-er** and **-ir** verbs, drop the **o** of the **yo** form and add **-as**.

   (yo) me sient**o**   no te sient**as**

   (yo) corr**o**   no corr**as**

   No te sient**as** triste.   No corr**as** más.

   Don't feel sad.   *Don't run any more.*

- For some verbs, the informal negative command is irregular.

   ser   (yo soy)   no **seas**   **estar**   (yo estoy)   no **estés**

   ir   (yo voy)   no **vayas**   **dar**   (yo doy)   no **des**

   No **seas** tonto.   No **vayas** solo.   No **estés** aburrido.   No me **des** catarro.

   Don't be silly.   *Don't go alone.*   *Don't be bored.*   *Don't give me a cold.*

---

29 Estas personas no cuidan bien la salud. Escribe un mandato informal afirmativo *(informal affirmative command)* para decir a cada una lo que debe hacer.

   MODELO Roberto, estás muy delgado. **Sube de peso.**

   1. Amalia, duermes muy poco. _____

   2. Gilda, no comes frutas. _____

   3. Norman, estás aburrido. _____

   4. Paola, siempre estás enferma. _____

30 Use the cues and negative informal commands to tell your younger sister what she should not do.

   MODELO (fumar) **No fumes.**

   1. (ser perezoso) _____

   2. (estar triste) _____

   3. (ir al cine hoy) _____

   4. (dormir hasta tarde) _____

   5. (tener miedo) _____

83

GRAMÁTICA 2

Object and reflexive pronouns with commands

- In **affirmative commands,** attach the **direct object pronoun** or the **reflexive pronoun** at the end of the verb.

> Trae el pan y pon**lo** en el plato.   Levánta**te.**
> *Bring the bread and put it on the plate.*   *Get up.*

- If the command is more than two syllables, put an **accent mark** over the stressed syllable.

> Esa fruta está mala. **Quítala** de la mesa.
> *That fruit is bad. Take it off the table.*

- In **negative commands,** put the **direct object pronoun** or the **reflexive pronoun** between **no** and the verb.

> Ésta es mi merienda. No **la** comas.   No **te** acuestes tarde.
> *This is my snack. Don't eat it.*   *Don't go to bed late.*

---

31 Tu amiga Rosario siempre se siente mal. Lee qué le pasa y dale consejos *(advice)*.

MODELO Rosario, estás aburrida pero tienes muchos amigos. **Llámalos.**

1. Tienes comida saludable *(healthful)* en el refrigerador.

   _____

2. Duermes hasta el mediodía todos los días. _____

3. No usas jabón para lavarte las manos. _____

4. Estás muy nerviosa. _____

5. Nunca practicas deportes. _____

6. Tienes una bicicleta pero no la montas. _____

32 Tu hermano pequeño hace muchas cosas malas para la salud. Usa mandatos informales negativos *(informal negative commands)* para decirle qué no debe hacer.

MODELO (comer la pasta de dientes) **No la comas.**

1. (acostarse tarde) _____

2. (levantar pesas muy grandes) _____

3. (comer tres postres) _____

4. (leer libros aburridos) _____

5. (beber muchos refrescos) _____

6. (entrenar las piernas todo el día) _____

84

Vamos de compras

1 Marca con una X la parte o partes del cuerpo que corresponde(n) con cada cosa.

Ropa	Cabeza	Espalda	Brazos	Piernas	Pies
abrigo		X	X		
sombrero					
calcetines					
saco					
falda					
botas					
vestido					
suéter					
pantalones					
chaqueta					
zapatos de tenis					

2 Choose the color described by each statement on the left. Use each color only once.

_____ 1. un par de zapatos del color de una manzana

_____ 2. una bolsa del color del maíz

_____ 3. un saco del color de las uvas (*grapes*)

_____ 4. un vestido del color del cielo (*sky*)

_____ 5. unos calcetines del color de una planta

_____ 6. una blusa del color de las zanahorias

_____ 7. unos pantalones del color de la nieve (*snow*)

a. anaranjada
b. morado
c. blancos
d. verdes
e. azul
f. amarilla
g. rojos

3 Completa cada oración con la palabra correcta.

_____ 1. Cuando hace calor, me gusta llevar ropa de ___.
    a. lana   **b.** algodón

_____ 2. Cuando llueve, uso ___.
    a. un par de sandalias   **b.** un par de botas

_____ 3. Me gustan las ___ de seda.
    a. blusas   **b.** botas

_____ 4. Esta camisa está grande; necesito una ___ más pequeña.
    a. talla   **b.** ganga

4 Mónica and her brother Antonio are packing for their vacation. Look at their suitcases and then list in Spanish what each of them is taking.

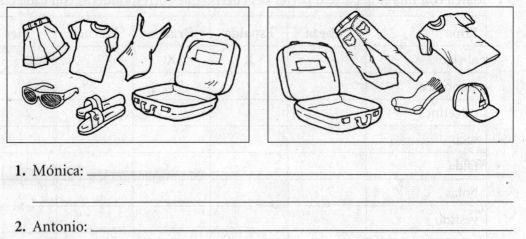

1. Mónica: _____

_____

2. Antonio: _____

_____

5 Édgar y Marcia van de compras. Lee sus descripciones de cada cosa y escribe **sí** si te parece que van a comprarla, o **no** si te parece que no van a comprarla.

_____ 1. Los pantalones cuestan $50. ¡Qué caros!

_____ 2. Te queda muy bien el sombrero.

_____ 3. El abrigo está a la última moda.

_____ 4. ¡La bolsa es una ganga!

_____ 5. Los pantalones vaqueros cuestan mucho.

_____ 6. ¡La chaqueta es para niños!

_____ 7. Me gustan las botas pero estoy mirando, nomás.

_____ 8. El suéter es bonito. Además, es muy barato.

_____ 9. El traje de baño es un robo.

6 Osvaldo está en una tienda. Indica con una X quién hace cada pregunta.

	Osvaldo	el dependiente
1. ¿En qué le puedo servir?		
2. ¿Busca una camisa?		
3. ¿Qué talla usa?		
4. ¿Tiene pantalones vaqueros de talla grande para hombres?		
5. ¿Cómo le quedan los zapatos de tenis?		
6. ¿A qué hora cierra la tienda?		

7 Tú y tus amigas van de compras. A ti te gusta todo, pero a Patricia no le gusta nada. Para cada oración, escribe tu respuesta y la respuesta de Patricia. Usa todas las palabras del cuadro.

ganga	última moda	colores	pasada de moda
caro	barato	robo	feo

MODELO ¿Cómo me queda la chaqueta de lana?
Tú: **Te queda muy bien.**
Patricia: **Te queda mal.**

1. ¿Qué te parece este saco amarillo y café?

   Tú: _____

   Patricia: _____

2. ¿Y la blusa?

   Tú: _____

   Patricia: _____

3. La bolsa está barata, ¿verdad?

   Tú: _____

   Patricia: _____

4. El sombrero cuesta $30.

   Tú: _____

   Patricia: _____

8 Una señora en la tienda de zapatos habla con el dependiente. Completa el diálogo con las palabras correctas.

—Buenas tardes, señora. ¿En qué le puedo (**1**)_____?

—(**2**)_____ unos zapatos de tenis rojos para mujer.

—¿Qué (**3**)_____ usa?

—(**4**)_____ el seis.

—Hmm. No tengo seis. ¿Cómo le (**5**)_____ el número siete?

—Mal. Necesito una talla más (**6**)_____.

—¿Y los zapatos de color (**7**)_____?

—Es un color para niños. Quiero ver colores para (**8**)_____.

—Son las siete menos cinco. La tienda (**9**)_____ a las siete.

Vamos de compras

GRAMÁTICA 1

Costar, numbers to one million

- The verb **costar** means *to cost*. Use **costar** in the third person.

  La blusa **cuesta** diez dólares.   Los pantalones **cuestan** veinte dólares.

- You know the numbers up to 100. Here are some large numbers.

100	cien	600	seiscientos(as)
101	ciento uno	700	setecientos(as)
102	ciento dos	800	ochocientos(as)
200	doscientos(as)	900	novecientos(as)
300	trescientos(as)	1.000	mil
400	cuatrocientos(as)	2.000	dos mil
500	quinientos(as)	1.000.000	un millón (de)

- Use **uno** to mean *one* when counting. **Uno** becomes **un** before a masculine noun and **una** before a feminine noun regardless of whether the noun is singular or plural.

  Quiero **un** sombrero y **una** bolsa.

  Voy a escribir **veintiuna** tarjetas postales *(postcards)* para **veintiún** amigos.

- **Cien** and **mil** can be either masculine or feminine.

  cien casas y **cien** carros   **mil** hombres y **mil** mujeres

- **Cien** is replaced by **ciento** when it is followed by another number *(101).* Multiples of 100 agree with the noun they modify. **Mil** does not change.

  ciento cincuenta tiendas   **seiscientas** ciudades
  mil ocho casas   **cuatro mil** personas

- To say *two million* or more, use the plural **millones.** Use **de** after **millón** or **millones** whenever they are followed by a noun.

  un millón de pesos   **dos millones de** dólares   **un millón** doscientos pesos

---

9 La tienda "La Última Moda" tiene mucha ropa para hombres, para mujeres y para niños. Escribe cuántas cosas tiene.

MODELO pares de botas: 5.140 **cinco mil ciento cuarenta pares de botas**

1. abrigos: 120 _____

2. vestidos: 999 _____

3. chaquetas: 7.000 _____

4. blusas: 6.631 _____

5. calcetines: 9.100 _____

6. camisetas: 2.000.000 _____

Demonstrative adjectives and comparisons

- **Este** *(this)* and **ese** *(that)* are **demonstrative adjectives,** which point out things. They agree in number and gender with the nouns they accompany. Use **este** for things that are very close and **ese** for things that aren't as close.

	Masculine	Feminine		Masculine	Feminine
this	**este**	**esta**	*these*	**estos**	**estas**
that	**ese**	**esa**	*those*	**esos**	**esas**

> Yo quiero **estos** zapatos pero no quiero **esas** botas.
> *I want these shoes, but I don't want those boots.*

- To compare people or things, use the following **comparative expressions.** The adjectives agree in gender and number with the object they describe.

más (adjective) **que** *(more… than)*   Nosotras somos **más altas que** Rita.
menos (adjective) **que** *(less… than)*   Ellos son **menos altos que** Raúl.
tan (adjective) **como** *(as… as)*   Yo soy **tan alta como** Greta.

- Certain comparative adjectives are irregular.

bueno(a) *good* → **mejor** *better*   **joven** *young* → **menor** *younger*
malo(a) *bad* → **peor** *worse*   **viejo(a)** *old* → **mayor** *older*

- These expressions say whether one person does more, less, or as much as another.

más que *more than*   Tú compras **más que** yo.
menos que *less than*   Ustedes estudian **menos que** mis amigos.
tanto como *as much as*   Yo duermo **tanto como** mi hermana.

---

10 Vas a una tienda a comprar ropa. Explica al dependiente que quieres las cosas que están cerca de ti pero no las cosas que están lejos.

> **MODELO** pantalones **Quiero estos pantalones pero no quiero esos pantalones.**

1. bolsa _____

2. traje de baño _____

3. sandalias _____

11 Compara la ropa de Tom con la ropa de Rob.

Tom	camisa: $35	suéter: talla 10	sombrero $2
Rob	camisa: $30	suéter: talla 12	sombrero $2

1. camisa _____

2. suéter _____

3. sombrero _____

---

12 Complete this entry in Carolina's diary with comparative expressions.

Mis primos son muy simpáticos. Carlos es (1)_____ *(older)*

yo pero yo soy (2)_____ *(bigger than)* él. Betty come

(3)_____ *(less than)* Carlos pero es (4)_____

(as tall as) él. Mis primos no estudian (5)_____ *(as much as)*

yo y sus notas *(grades)* no son (6)_____ *(as good as)* mis notas.

Yo estudio (7)_____ *(more than)* ellos y mis notas siempre son

(8)_____ *(better)* sus notas.

Quedar

- **Quedar** is used to tell how something *looks* or *fits,* and it is used the same way as **gustar** and **parecer.** Use **queda** for one thing and **quedan** for more than one thing.

(a mí) me **queda(n)**	(a nosotros/as) nos **queda(n)**
(a ti) te **queda(n)**	(a vosotros/as) os **queda(n)**
(a usted/él/ella) le **queda(n)**	(a ustedes/ellos/ellas) les **queda(n)**

La camisa **me queda** pequeña pero los pantalones **me quedan** bien.
The shirt is too small for me but the pants fit well.

- **Quedar** may be followed by an adjective (such as **grande** or **pequeño**) or by an adverb (such as **bien** or **mal**). Remember that adjectives must agree with the noun or pronoun to which they refer. Adverbs do not change.

¿Los **zapatos** te quedan **grandes?** No, los **zapatos** me quedan **bien.**
Are the shoes too large for you? No, the shoes fit me fine.

---

13 Your family is shopping for new clothes. Write what each person says about the items, using the correct form of **quedar** or **parecer.** Follow the **modelo.**

MODELO Donna: Necesito un traje de baño más grande. Me **queda** pequeño.

1. Tus padres: Vamos a comprar estos abrigos. Nos _____ bien.

2. Mamá: Estos sacos cuestan $40. Me _____ caros.

3. Saúl: Tú no puedes comprar esa talla, Mamá. Te _____ grande.

4. Melba: Alma no quiere una blusa morada. Le _____ fea.

5. Tú: Necesito botas más grandes. Estas botas me _____ pequeñas.

6. El dependiente: Señor, ese suéter está muy grande. Le _____ mal.

7. Tú: Ustedes deben comprar esas botas. Les _____ muy bien.

Vamos de compras

14 Escribe adónde fuiste a buscar cada cosa. Sigue el **modelo**.

MODELO audífonos **la tienda de música**

1. aretes _____

2. tarjeta de cumpleaños _____

3. discos compactos en blanco _____

4. sandalias _____

5. juguetes _____

15 Lina and her mother are going shopping. Select the best expression to tell what Lina wants to do at the mall.

_____ 1. Primero, yo quiero ____ las vitrinas.
     a. mirar   **b.** comprar

_____ 2. Tengo mucho ____ para gastar.
     a. dinero   **b.** todo

_____ 3. Voy a ____ ropa para el colegio.
     a. ahorrar   **b.** buscar

_____ 4. Me gustaría ____ unos zapatos de tenis.
     a. comprar   **b.** gastar

_____ 5. Al mediodía, quiero comer en ____.
     a. la juguetería   **b.** la plaza de comida

_____ 6. Quiero ir al almacén donde ____ de todo.
     a. venden   **b.** miran

_____ 7. Por la tarde, me gustaría tomar ____.
     a. una pulsera   **b.** un batido

16 Escoge la palabra que no va con las otras palabras. Luego, escríbela en la línea.

1. anillos   DVDs   audífonos   _____

2. tarjetas   libros   tienda de ropa   _____

3. vender   ayer   comprar   _____

4. aretes   pulseras   discos compactos   _____

5. pagar   juguete   fortuna   _____

6. aretes   heladería   batido   _____

7. DVD   revista   disco compacto   _____

8. botas   chaqueta   sandalias   _____

     Cuaderno de vocabulario y gramática
   91

17 ¿Qué hiciste ayer en el centro comercial? Contesta con una oración completa para cada lugar *(place)*.

MODELO la librería **Fui a la librería a comprar una revista de tiras cómicas.**

1. la tienda de ropa _____
   _____

2. el almacén _____
   _____

3. la heladería _____
   _____

4. la plaza de comida _____
   _____

5. la joyería _____
   _____

6. la tienda de música _____
   _____

18 Hoy es jueves, el 24 de octubre. Di *(say)* cuándo hiciste cada cosa. Usa las palabras **anteayer, anoche, ayer, el fin de semana pasado** y **hoy.**

domingo: *ir a mirar las vitrinas*
martes: *ir al cine*
miércoles por la tarde: *ir a la tienda de ropa*
miércoles por la noche: *ir a cenar con mis amigos*
jueves: *ir al trabajo*

1. _____
2. _____
3. _____
4. _____
5. _____

19 Write **a)** if the second sentence in each pair is logical or **b)** if it is illogical according to the context.

_____ **1.** Todo es muy caro en este almacén. —Sí, pagué una fortuna.

_____ **2.** ¿Adónde fuiste anoche? —Voy a ir de compras al centro comercial.

_____ **3.** ¿Qué hiciste hoy? —Fui a la librería a buscar unas tarjetas.

_____ **4.** ¿Quieres dejar un recado para Ali? —No gracias; que me llame después.

_____ **5.** ¿Qué hiciste ayer? —Anteayer fui a comprar unos discos compactos.

20 Quieres hablar por teléfono con Elsa Camargo, pero contesta el padre de Elsa. Escribe tu parte de la conversación.

El padre Bueno.

Tú (1)_____

El padre ¿De parte de quién?

Tú (2)_____

El padre No está. ¿Quieres dejarle un recado?

Tú (3)_____

El padre Está bien. Hasta luego.

Tú (4)_____

21 Sonia llama por teléfono a Bruno, pero contesta Jaime, el hermano de Bruno. Mira los dibujos. Luego, escribe las oraciones que dice Jaime.

Jaime **Sonia**

1. Aló.   **2.** Hola. ¿Está Bruno?

3. _____   **4.** Es su amiga, Sonia.

5. _____   **6.** ¡Ay, no!

7. _____   **8.** No, gracias. Por favor, ¿está Juanita?

9. _____   **10.** Gracias.

11. _____

Vamos de compras

The preterite of *-ar* verbs

• The **preterite** tense refers to what happened at a particular moment in the past. To form the preterite of **-ar** verbs, use the verb stem + these endings.

yo	gast**é**	nosotros(as)	gast**amos**
tú	gast**aste**	vosotros(as)	gast**asteis**
usted/él/ella	gast**ó**	ustedes/ellos/ellas	gast**aron**

¿Cuánto dinero **gastaron** ustedes hoy?
How much money did you spend today?

• The **nosotros** form of some **-ar** verbs is the same for the present and the preterite. The context will tell you whether the sentence is referring to the present or the past.

Nosotros **llamamos** a Alfredo ayer. Siempre lo **llamamos** los domingos.
We called Alfredo yesterday. We always call him on Sundays.

• The **-ar** verbs that change their stem in the present don't change it in the preterite.

Casi siempre **encuentro** gangas pero hoy no **encontré** nada.
I almost always find bargains, but today I didn't find anything.

---

22 Escribe las siguientes oraciones en el pretérito *(preterite tense)* para decir qué hicieron *(did)* estas personas ayer.

MODELO Ellos siempre compran ropa cara. **Ellos compraron ropa cara ayer.**

1. Nell y yo siempre hablamos por teléfono. _____

_____

2. Jacinto estudia los sábados. _____

_____

3. ¿Vosotros siempre tomáis refrescos? _____

_____

4. Tú y yo dibujamos los fines de semana. _____

_____

5. Mis padres almuerzan en el patio. _____

_____

6. ¿Tú juegas al tenis con Sofía? _____

_____

GRAMÁTICA 2

The preterite of _ir_

• The preterite forms of **ir** _(to go)_ tell where someone went in the past. These forms are irregular.

yo	**fui**	nosotros(as)	**fuimos**
tú	**fuiste**	vosotros(as)	**fuisteis**
usted/él/ella	**fue**	ustedes/ellos/ellas	**fueron**

¿Ustedes **fueron** al cine anoche?   _Did you go to the movies last night?_

• To ask _where_ someone went, use **adónde** and the verb **ir**.

¿Adónde fuiste ayer?   **_Where_** _did you go yesterday?_

• To say _why_ someone went somewhere, use **a** + an infinitive and the verb **ir**.

Fuimos a comprar juguetes.   **Fuimos** a la juguetería **a comprar** juguetes.
We went to buy toys.   _We went to the toy store to buy toys._

---

23 A Celine y a sus amigos les gusta mucho salir. Escribe adónde fueron y para qué _(what for)_ fueron. Sigue el **modelo.**

MODELO Celine y sus amigos / centro comercial
Celine y sus amigos fueron al centro comercial a mirar las vitrinas.

1. Celine / tienda de música _____

_____

2. Julián y tú / librería _____

_____

3. Yo / almacén _____

4. Los muchachos / zapatería _____

_____

5. Tú / heladería _____

6. Nosotros / plaza de comida _____

_____

24 Ask where everyone went, using the preterite tense of **ir**.

MODELO tus tíos **¿Adónde fueron mis tíos?**

1. Mamá _____

2. Tus hermanas _____

3. Tu papá y tu abuelo _____

4. El perro _____

GRAMÁTICA 2

The preterite of -ar verbs with reflexive pronouns

- Use the preterite to talk about things that happened at a particular moment in the past or to narrate a sequence of events. When necessary, add the correct **reflexive pronoun.**

yo	**me** peiné	nosotros(as)	**nos** peinamos
tú	**te** peinaste	vosotros(as)	**os** peinasteis
usted/él/ella	**se** peinó	ustedes/ellos/ellas	**se** peinaron

Mi mamá **compró** los ingredientes y **cocinó** la comida.
My mother bought the ingredients and cooked the meal.

Esta mañana **me levanté** temprano y **me bañé.**
This morning I got up early and bathed.

---

25 Today everyone in Jorge's family got up late. Complete the following entry in his diary with the correct forms of the verbs in parentheses. Include a reflexive pronoun when appropriate.

Yo (1)_____ (despertarse) a las ocho y cinco hoy.

Mi mamá (2)_____ (levantarse) a las ocho y diez y mi

hermano también. Nosotros (3)_____ (bañarse) con

mucha prisa. Mi hermana no (4)_____ (peinarse) y mi

hermano y yo no (5)_____ (arreglar) el cuarto. Mamá

(6)_____ (preparar) cereales con leche para el desayuno.

Mis hermanos y yo fuimos al colegio con mucha prisa pero al final

(7)_____ (llegar) a tiempo.

26 Escribe qué hacen tú y tu familia generalmente. Luego, escribe qué hicieron *(did)* el domingo pasado.

> **MODELO** levantarse **Mi mamá se levanta a las seis. El domingo se levantó a las siete y media.**

1. levantarse (yo) _____

_____

2. cenar (mi familia) _____

_____

3. acostarse (mis hermanos y yo) _____

_____

¡Festejemos!

1 Lee las siguientes oraciones y decide si cada una es **a) cierta** o **b) falsa**.

_a_ **1.** En la Semana Santa muchas personas van a misa.

_b_ **2.** El Día del Padre es en diciembre.

_b_ **3.** El Año Nuevo no es un día festivo.

_____ **4.** Unas familias festejan el Hanukah en la sinagoga o en el templo.

_b_ **5.** A los niños no les gusta recibir regalos en la Navidad.

_a_ **6.** El Día de la Madre compramos algo especial para Mamá.

_a_ **7.** A veces las familias van a misa a la medianoche en la Nochebuena.

2 Write an X in the column of the holiday(s) you associate with each activity below. The first one has been done for you.

	Año Nuevo	Día de la Independencia	Navidad
abrir regalos			X
mandar tarjetas			
ver fuegos artificiales			
ir a una fiesta			
tener un picnic			
decorar con rojo, blanco y azul			
cenar con amigos en un restaurante			
decorar la casa			
ir a misa			
reunirse con la familia			

3 ¿Cuáles son los días festivos que festejamos en estas fechas? El primero ya se hizo.

1. el 25 de diciembre **la Navidad** _____

2. el 4 de julio _____

3. el 14 de febrero _____

4. el primero de enero _____

5. el 24 de diciembre _____

VOCABULARIO 1

4 Después de cada descripción, escribe qué día festivo festejan estas personas.

1. Haces un almuerzo para tu mamá y tu abuela. _____

2. Preparamos una cena grande con pavo (turkey). _____

3. Lo pasan en casa de los primos después de ir a la sinagoga. _____

4. Le mandan una tarjeta a su padre. _____

5. Cantan, bailan y festejan mucho a la medianoche. _____

5 Number the sentences below to indicate their order in a logical conversation.

_____ —¿Qué tal estuvo?

_____ —Hola, Marta.

_____ —¿Qué planes tienes para el Año Nuevo?

_____ —Pues lo pasé como siempre… con la familia en casa de mis primos.

_____ —Hola, Juan, ¿qué tal? ¿Cómo pasaste el Día de Acción de Gracias?

_____ —¡Fenomenal! El año pasado estuvo muy bien.

_____ —Estuvo a todo dar. Nos reunimos a festejar con la familia y a comer mucho.

_____ —Pienso hacer una fiesta. Quiero invitar a todos mis amigos como (like) el año pasado.

6 Estela describe cómo ella y su familia celebran los días festivos. Completa sus oraciones con las palabras del cuadro.

reunimos	pasarla	~~mando~~	~~pensamos~~
estuvo	como siempre	picnic	

1. El Día de la Madre _pensamos_ hacer una fiesta.

2. El año pasado lo pasamos en casa de mis tíos _____.

3. Nos _____ a comer con toda la familia.

4. _____ a todo dar.

5. Si hace sol el Día de la Independencia, vamos a tener un

   _____ en la playa.

6. ¿La Nochebuena? Pensamos _____ con mis abuelos.

7. El Día del Padre le _mando_ una tarjeta a mi papá.

VOCABULARIO 1

7 Pregunta *(ask)* dónde Jaime y Celia pasaron estos días festivos el año pasado.

1. _____

2. _____

3. _____

8 Sigue el **modelo** para decir cómo tus amigos pasaron cada fiesta.

MODELO el Día de los Enamorados **Cenamos en un restaurante.**

1. el Día de la Independencia _____

_____

2. la Nochebuena _____

_____

3. la Nochevieja _____

_____

9 Quieres saber dos cosas que va a hacer Susana en los siguientes días festivos. Escribe sus respuestas. Ya hicimos la primera.

1. el Hanukah **El Hanukah pensamos ir a la sinagoga. También vamos a**

cenar en casa de mis abuelos.

2. el Día del Padre _____

_____

3. el Día de Acción de Gracias _____

_____

4. la Semana Santa _____

_____

¡Festejemos!

The preterite of *-er* and *-ir* verbs

- Use the **preterite** to talk about what happened at a specific point in the past.

	comer (*to eat*)	**recibir** (*to open*)
yo	com**í**	recib**í**
tú	com**iste**	recib**iste**
usted/él/ella	com**ió**	recib**ió**
nosotros(as)	com**imos**	recib**imos**
vosotros(as)	com**isteis**	recib**isteis**
ustedes/ellos/ellas	com**ieron**	recib**ieron**

> **¿Recibiste** mi tarjeta?   Sí, la **recibí.**
> *Did you receive my card?*   *Yes, I received it.*

- Note that in the preterite, regular **-er** and **-ir** verbs have the same endings.
  -Er verbs that have stem changes in the present tense don't change their stem in the preterite.

> ¿**Vuelves** a casa temprano?   ¿**Volviste** a casa temprano?
> *Do you return home early?*   *Did you return home early?*

- **Ver** has regular preterite endings without written accents.

yo **vi**	nosotros(as) **vimos**
tú **viste**	vosotros(as) **visteis**
usted/él/ella **vio**	ustedes/ellos/ellas **vieron**

---

10 Marcos describe cómo pasó el Día de Acción de Gracias. Escoge la forma correcta del verbo para completar su descripción.

1. El Día de Acción de Gracias nosotros (*reunirse*) _____ en la casa de mis abuelos.

2. Para el almuerzo (*comer*) _____ papas, verduras y un pavo (*turkey*) grande.

3. Mis primos (*beber*) _____ refrescos pero yo tomé jugo.

4. Por la noche mi primo (*ver*) _____ una película de acción.

5. La película estaba (*was*) aburrida y yo no la (*ver*) _____.

6. Durante la película yo (*dormir*) _____ en el sofá.

7. Por la noche (*regresar*) _____ a casa y nos acostamos.

8. ¿Tú también (*salir*) _____ el Día de Acción de Gracias?

Holt Spanish 1   Cuaderno de vocabulario y gramática

Review of the preterite

- Compare the preterite forms of regular **-ar, -er,** and **-ir** verbs to the preterite of the irregular verb **ir.**

	cantar	**volver**	**escribir**	**ir**
yo	cant**é**	volv**í**	escrib**í**	**fui**
tú	cant**aste**	volv**iste**	escrib**iste**	**fuiste**
usted/él/ella	cant**ó**	volv**ió**	escrib**ió**	**fue**
nosotros(as)	cant**amos**	volv**imos**	escrib**imos**	**fuimos**
vosotros(as)	cant**asteis**	volv**isteis**	escrib**isteis**	**fuisteis**
ustedes/ellos/ellas	cant**aron**	volv**ieron**	escrib**ieron**	**fueron**

Ustedes escrib**ieron** cartas.	*You wrote letters.*
Ustedes **fueron** al cine.	*You went to the movies.*
Vosotros cant**asteis** en la fiesta.	*You sang at the party.*
Tú volv**iste** a casa temprano.	*You went back home early.*

11 Complete Mélida's description of her New Year's celebration with the correct verb forms. Use the verbs from the box below.

comer	ir	ver	salir	cenar	regresar

En la Nochevieja mis amigos y yo (**1**)_____ a festejar. Primero

(**2**)_____ a un restaurante. En el restaurante (**3**)_____ un

arroz con pollo delicioso. Mi amigo Nando (**4**)_____ un postre de

chocolate formidable y las muchachas (**5**)_____ helado. Después yo

(**6**)_____ con Nando y Luz a una fiesta. En la fiesta (**7**)_____

a nuestros amigos. Después de la fiesta todos (**8**)_____ a sus casas.

12 Usa los verbos para decir qué hizo cada persona en un día festivo. Sigue el **modelo.**

MODELO recibir (nosotros) **Nosotros recibimos una invitación a cenar.**

1. salir (tú) _____

2. escribir (usted) _____

3. asistir (él) _____

4. volver (ustedes) _____

5. cantar (yo) _____

6. beber (yo) _____

GRAMÁTICA 1

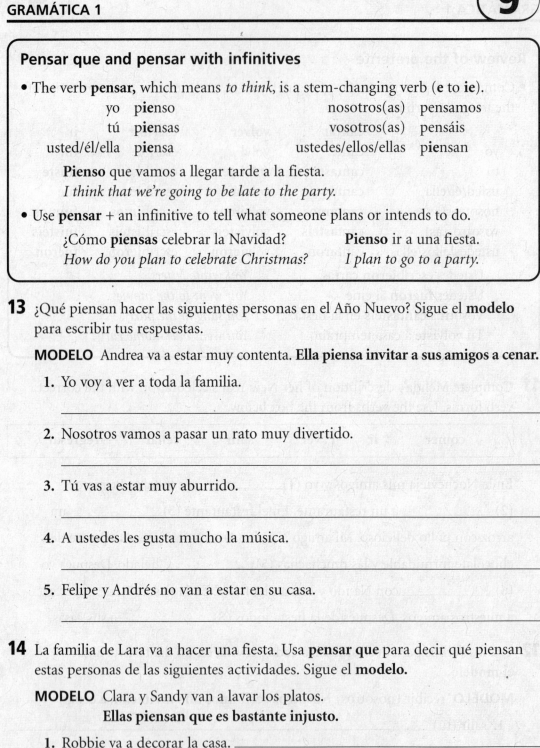

> ## Pensar que and pensar with infinitives
>
> • The verb **pensar,** which means *to think*, is a stem-changing verb (**e** to **ie**).
>
> | yo | **pie**nso | nosotros(as) | pensamos |
> |---|---|---|---|
> | tú | **pie**nsas | vosotros(as) | pensáis |
> | usted/él/ella | **pie**nsa | ustedes/ellos/ellas | **pie**nsan |
>
> > **Pienso** que vamos a llegar tarde a la fiesta.
> > *I think that we're going to be late to the party.*
>
> • Use **pensar** + an infinitive to tell what someone plans or intends to do.
>
> > ¿Cómo **piensas** celebrar la Navidad?   **Pienso** ir a una fiesta.
> > *How do you plan to celebrate Christmas?   I plan to go to a party.*

13 ¿Qué piensan hacer las siguientes personas en el Año Nuevo? Sigue el **modelo** para escribir tus respuestas.

MODELO Andrea va a estar muy contenta. **Ella piensa invitar a sus amigos a cenar.**

   1. Yo voy a ver a toda la familia.

   _____

   2. Nosotros vamos a pasar un rato muy divertido.

   _____

   3. Tú vas a estar muy aburrido.

   _____

   4. A ustedes les gusta mucho la música.

   _____

   5. Felipe y Andrés no van a estar en su casa.

   _____

14 La familia de Lara va a hacer una fiesta. Usa **pensar que** para decir qué piensan estas personas de las siguientes actividades. Sigue el **modelo.**

MODELO Clara y Sandy van a lavar los platos.
              Ellas piensan que es bastante injusto.

   1. Robbie va a decorar la casa. _____

   2. Alicia va a preparar la cena. _____

   3. Alicia y Robbie van a cantar con su hermano pequeño. _____

   _____

   4. Vosotros vais a ver televisión en la fiesta. _____

¡Festejemos!

15 Escribe las palabras del cuadro en la lista correspondiente.

charlar	graduación	decorar	galletas
boda	colgar la piñata	dulces	aniversario
papitas	enseñar fotos	mandar invitaciones	contar chistes
cumpleaños	comprar los regalos	beber ponche	empanadas

Ocasiones especiales

_____

_____

_____

_____

Preparativos

_____

_____

_____

_____

En la fiesta

_____

_____

_____

_____

Comidas

_____

_____

_____

_____

16 Write the Spanish name for each special occasion described below.

1. Papá y Mamá se casaron (*got married*) en 1985. _____
2. ¿Cuántos años tiene Miguel hoy? _____
3. Pensamos festejar porque María terminó la universidad. _____
4. Mi hermana se casa (*is getting married*) hoy. _____
5. Tú eres Andrés y hoy es el Día de San Andrés. _____

17 La familia de Carolina piensa hacer una fiesta. Lee lo que dijo su hermano de los preparativos. Luego contesta **sí** o **no** a las siguientes oraciones.

Hoy vamos a hacer una fiesta quinceañera para Carolina. Es una fiesta sorpresa. Ya compramos las decoraciones y ahora mi hermano y yo vamos a colgarlas. Mamá limpió la casa y preparó empanadas. Mis amigos y yo pensamos contar chistes y enseñar fotos. Los invitados van a llegar a las ocho.

_____ 1. La familia piensa festejar la graduación de Carolina.

_____ 2. Carolina está haciendo preparativos para la fiesta.

_____ 3. Ya terminaron con los preparativos.

_____ 4. Los amigos van a venir a las ocho.

VOCABULARIO 2

18 Mayra hizo una gran fiesta. Mira el dibujo y luego contesta las siguientes preguntas.

1. ¿Está todo listo para la fiesta?

_____

2. ¿Debo colgar las decoraciones?

_____

3. ¿Qué hacen los jóvenes ahora?

_____

4. ¿Tiene Mayra una piñata en su fiesta?

_____

5. ¿Qué tal está la fiesta?

_____

19 Olga and Ernesto are giving a party, but nothing is done yet. Use the words given below to ask Olga and Ernesto what's been done.

MODELO colgar / piñata **¿Ya colgaron la piñata?**

1. terminar / preparativos

_____

2. preparar / galletas

_____

3. estar / listo / fiesta

_____

4. comprar / flores

_____

VOCABULARIO 2

20 When do you use the following expressions? Write **a)** if the expression is used for greeting or **b)** if it's used for good-byes.

_____ 1. Chao.

_____ 2. ¿Qué hay de nuevo?

_____ 3. Te presento a mi amiga.

_____ 4. Te llamo más tarde.

_____ 5. ¡Tanto tiempo sin verte!

_____ 6. Lo de siempre.

_____ 7. Que te vaya bien.

21 Estás en la fiesta de cumpleaños de Karen. Responde a cada persona que te habla.

1. —Te presento a mis padres. _____

2. —¡Hola! ¿Qué hay de nuevo? _____

3. —Ésta es Karen. Hoy es su cumpleaños. _____

4. —Chao. _____

5. —Te llamo más tarde. _____

22 ¿Qué les dices a estas personas en las siguientes ocasiones? Sigue el **modelo.**

MODELO Es el cumpleaños de tu hermano hoy.

    ¡Feliz cumpleaños!

1. Los padres de tu amiga celebran su aniversario.

   _____

2. Ves a un amigo después de muchos años.

   _____

3. Quieres presentar a tus padres a una amiga.

   _____

4. Vas a llamar a tu amigo después.

   _____

¡Festejemos!

Direct object pronouns

• A **direct object** is the person or thing that receives the action of the verb. It can often be replaced by a **direct object pronoun.**

Subject	Direct object	Subject	Direct object
yo	**me**	nosotros(as)	**nos**
tú	**te**	vosotros(as)	**os**
usted *(m.)*	**lo**	ustedes *(m.)*	**los**
usted *(f.)*	**la**	ustedes *(f.)*	**las**
él	**lo**	ellos	**los**
ella	**la**	ellas	**las**

¿Llamaste a **Juan?**　　　　　Sí, **lo** llamé ayer.
Did you call Juan?　　　　　*Yes, I called him yesterday.*

• Change the **direct object pronoun** if necessary when answering a question.

¿**Me** llamas más tarde?　　　Claro. **Te** llamo mañana.
*Will you call **me** later?*　　*Of course. I'll call **you** tomorrow.*

---

23 Dora y su madre celebraron el Día de la Madre en un restaurante. Escribe cada oración de otra manera *(another way)*, usando un pronombre de complemento directo *(direct object pronoun)*.

MODELO Yo invité a mis primas. **Yo las invité.**

1. El chef preparó comida italiana. _____

2. Yo comí sopa y carne. _____

3. Mamá no pidió pan. _____

4. Mamá vio a unas amigas en otra mesa. _____

5. Las amigas también vieron a Mamá y a mí. _____

6. Las amigas pidieron postres de chocolate. _____

24 Use informal commands and direct object pronouns to tell everyone what to do. Follow the **modelo.** Don't forget to attach the pronoun at the end of the verb.

MODELO Maribel tiene que colgar globos *(balloons)*. **Cuélgalos.**

1. Rubén tiene que mandar las invitaciones. _____

2. Ana tiene que preparar el ponche. _____

3. Sonia tiene que decorar la mesa. _____

4. Javier tiene que invitar a nuestros amigos. _____

GRAMÁTICA 2

Conocer and the personal a

- **Conocer** means *to know* or *meet* someone or *to know* a place or thing. Note that it is irregular in the **yo** form.

yo	cono**zco**	nosotros(as)	conocemos
tú	conoces	vosotros(as)	conocéis
usted/él/ella	conoce	ustedes/ellos/ellas	conocen

    No **conozco** la comida chilena.
    I'm not familiar with Chilean food.

- When the direct object is a person rather than a thing, **conocer** and other verbs require the word **a** before the direct object. There is no translation for the word **a** used in this sense.

    ¿Conoces **a** mi hermana Sylvia?
    Do you know my sister Sylvia?

- The preposition **a** combined with the definite article **el** forms the contraction **al.**

    ¿Conoces **al** primo de Roberto?
    Do you know Roberto's cousin?

---

25 Manuel fue a México y escribió una tarjeta postal a su mamá. Complétala con las formas correctas de **conocer, conocer a** o **conocer al.**

Hola, Mami:

Anteayer llegué a México y ya **(1)**_____ toda mi familia mexicana.

Carlos y Lupita **(2)**_____ lugares *(places)* interesantes. Además, Carlos

(3)_____ mis primos. Hoy fui al Parque de Chapultepec con Lupita. Ella

lo **(4)**_____ muy bien. Después fuimos a cenar. Ya **(5)**_____

el mejor restaurante de la ciudad. Mañana vamos a **(6)**_____ mejor

amigo de Carlos. ¡Chao!

Manuel

26 Contesta las siguientes preguntas con las formas correctas del verbo **conocer** y los pronombres de complemento directo apropiados *(appropriate direct object pronouns)*. Sigue el **modelo.**

MODELO —Mamá, ¿yo conozco a tus invitadas de esta noche?
       —**No, no las conoces.**

1 —Jorge y Juan, ¡qué gusto de verlos! ¿Conocen a mi primo Pablo?

_____

2. —Amalia, ¿tu prima me conoce?

_____

The present progressive

- The **present progressive** says what is happening right now. To form the present progressive combine a conjugated form of **estar** with the **present participle**. The present participle is formed by replacing -**ar** with -**ando** and -**er** or -**ir** with -**iendo**.

  bailar→bail**ando**   beber→beb**iendo**

  Estamos bail**ando**.   Blanca **está** beb**iendo** agua.
  We are dancing.   *Blanca is drinking water.*

- If the stem of an -**er** or -**ir** verb ends in a vowel, change **i** to **y** to form the participle.

  leer→le**yendo**   Estamos le**yendo**. *We're reading.*

- Verbs ending in -**ar** and -**er** don't change their stem to form the participle. Stem-changing verbs ending in -**ir** (**pedir, dormir, venir, servir**) change **o** to **u** and **e** to **i**.

  d**o**rmir→d**u**rmiendo   p**e**dir→p**i**diendo

- Use the **simple present tense** instead of the progressive for **ir** and **venir**.

  ¿Vienes conmigo?   No, **voy** con ellos.
  Are you coming with me?   *No, I'm going with them.*

- Use **direct object** and **reflexive pronouns** before the conjugated form of **estar** or attach them to the end of the participle and add an accent mark on the stressed vowel.

  ¿Los tamales? **Los** estoy haciendo. Estoy haci**é**ndo**los**.
  Yo **me** estoy levantando. Estoy levant**á**ndo**me**.

27 Describe qué están haciendo las siguientes personas en la fiesta. Sigue el **modelo**.

MODELO mis sobrinos (bailar) **Están bailando.**

1. yo (leer) _____
2. ustedes (beber) _____
3. Carla (servir) _____
4. Raúl (venir) _____

28 ¿Qué están haciendo las siguientes personas antes de la fiesta? Usa pronombres de complemento directo *(direct object pronouns)* o pronombres reflexivos para contestar. Sigue el **modelo**.

MODELO Jazmín con los refrescos **Los está sirviendo. / Está sirviéndolos.**

1. Alonso con la música _____
2. tú con las papitas _____
3. Elsa con el peine _____
4. Nosotros con las decoraciones _____

108

¡A viajar!

1 Escoge la palabra que corresponde a cada lugar *(place)* donde Elisa hace las siguientes actividades en el aeropuerto.

_____ 1. Saca dinero.

_____ 2. Hace cola para recoger el boleto.

_____ 3. Da *(she gives)* unos dólares y recibe pesos.

_____ 4. Se sienta para esperar el vuelo.

_____ 5. Sale a abordar su vuelo.

_____ 6. Comienza el viaje.

a. el mostrador
b. la puerta
c. el avión
d. el cajero automático
e. la sala de espera
f. la oficina de cambio

2 Prudencia tiene todo preparado para su viaje. Completa cada oración para describir qué hace.

_____ 1. Prudencia tiene su carnet de identidad en ___.
   a. los servicios   **b.** la salida   **c.** la billetera

_____ 2. Ella hace cola en ___.
   a. el mostrador   **b.** la bolsa   **c.** la pantalla

_____ 3. Prudencia le da *(gives him)* su maleta ___.
   a. al pasajero   **b.** al agente   **c.** al vuelo

_____ 4. El agente le da a Prudencia la ___.
   a. puerta de salida   **b.** oficina de cambio   **c.** tarjeta de embarque

_____ 5. Prudencia espera en ___.
   a. la sala de espera   **b.** los servicios   **c.** el cajero automático

3 Hernán is going on a trip. Mark a check in the column labeled **salida** next to each statement that describes his departure, and a check in the column labeled **llegada** next to each statement that describes his arrival.

	salida	llegada
1. Factura el equipaje.		
2. Recoge la tarjeta de embarque.		
3. Pasa por la aduana.		
4. Va al reclamo de equipaje.		
5. Se sienta en el avión.		
6. Espera el vuelo en la puerta.		

4 Sonia escribió una lista de lo que tiene que hacer para viajar a Madrid en avión. Pon en orden los elementos de la lista.

_____ **enseñarle el carnet de identidad al control de seguridad**

_____ **esperar el avión en la sala de espera**

_____ **hacer cola en el mostrador**

_____ **abordar el avión**

_____ **facturar la maleta**

_____ **buscar el número de la puerta en la pantalla**

_____ **irse a Madrid**

_____ **hacer la maleta**

5 Una señora en el aeropuerto ayuda a Manolito con su primer viaje en avión. Completa su conversación con las palabras del cuadro.

lo siento	me puede decir	allí	a la vuelta
lo puede ver	se puede conseguir	sabe usted	viaje

Manolito Perdón señora, ¿(1)_____ dónde están las salas de espera?

Señora Sí, están (2)_____.

Manolito ¿(3)_____ a qué hora sale el vuelo 506?

Señora No, pero (4)_____ en la pantalla.

Manolito Y algo más. ¿Dónde (5)_____ un mapa?

Señora (6)_____, no sé. Posiblemente (7)_____ en la tienda.

Manolito Muchas gracias, señora. ¡Buen (8)_____!

VOCABULARIO 1

6 Tía Araceli está muy nerviosa por su viaje. Dile *(tell her)* que todo está listo o que está bien. Usa **todavía** si es apropiado *(appropriate)*.

1. ¿Dónde está la maleta? ¿Ya la facturaste?

   _____

2. No quiero perder nada. ¿Dónde está mi carnet de identidad?

   _____

3. ¿Ya sacaste el dinero? Necesito dinero.

   _____

4. ¡Ay, dejé el mapa en casa!

   _____

5. ¡Es muy tarde! ¡Creo que perdí el vuelo!

   _____

6. No veo ninguna silla en la sala de espera. No puedo sentarme.

   _____

7 You've just come to visit your cousins. Write a sentence to say whether you have done each thing or not. Use each expression in the box at least once.

todavía no	ya	todavía tengo que	debo

MODELO pasar por la aduana **Ya pasé por la aduana.**

1. recoger la maleta

   _____

2. encontrar al tío Alfonso

   _____

3. conseguir un mapa

   _____

4. ir a la oficina de cambio

   _____

5. comprar una cámara desechable

   _____

6. buscar los servicios

¡A viajar!

Review of the preterite

- The preterite tense tells what happened at a certain point in the past. It also serves to narrate a sequence of past events.

  > Harry **compró** un boleto, **abordó** el avión y **comenzó** el viaje.
  > *Harry bought a ticket, boarded the plane, and began the trip.*

- These are the regular endings for the preterite forms of **-ar, -er,** and **-ir** verbs. Remember that **-ar** and **-er** verbs do not change their stem in the preterite.

	abordar	**perder**	**salir**
yo	abord**é**	perd**í**	sal**í**
tú	abord**aste**	perd**iste**	sal**iste**
usted/él/ella	abord**ó**	perd**ió**	sal**ió**
nosotros	abord**amos**	perd**imos**	sal**imos**
vosotros	abord**asteis**	perd**isteis**	sal**isteis**
ustedes/ellos/ellas	abord**aron**	perd**ieron**	sal**ieron**

  > Leo **perdió** su boleto y no **abordó** el avión.
  > *Leo lost his ticket and didn't board the plane.*

---

8 Tu familia y tú fueron al aeropuerto. Escoge la forma correcta del pretérito para decir qué hizo *(did)* cada persona.

_____ 1. Jorge y yo ___ en el mostrador.
    a. nos reunimos   **b.** se reunieron

_____ 2. Yo ___ un helado en la sala de espera.
    a. comí   **b.** comió

_____ 3. Nuestros padres ___ la pantalla de las salidas.
    a. miramos   **b.** miraron

_____ 4. Jorge ___ por la puerta número dos.
    a. salió   **b.** salí

9 Usa las palabras a continuación para decir qué hicieron *(did)* Antonio y sus amigos en el aeropuerto el domingo pasado.

MODELO Antonio / esperar **Antonio esperó con su maleta.**

1. Lola y tú / recoger _____

2. Antonio / abrir _____

3. Carlos / perder _____

4. Lola y Juan / hablar _____

5. Yo / sentarse _____

GRAMÁTICA 1

> ### The preterite of *-car, -gar, -zar* verbs
>
> • Verbs that end in **-car, -gar,** and **-zar** have a spelling change in the preterite **yo** form. Below are three of these verbs: **sacar** *(to take out, to get)*, **pagar** *(to pay)*, and **comenzar** *(to begin).*
>
> | | **sacar** | **pagar** | **comenzar** |
> |---|---|---|---|
> | yo | sa**qué** | pa**gué** | comen**cé** |
> | tú | sac**aste** | pag**aste** | comenz**aste** |
> | usted/él/ella | sac**ó** | pag**ó** | comenz**ó** |
> | nosotros(as) | sac**amos** | pag**amos** | comenz**amos** |
> | vosotros(as) | sac**asteis** | pag**asteis** | comenz**asteis** |
> | ustedes/ellos/ellas | sac**aron** | pag**aron** | comenz**aron** |
>
> Yo **saqué** dinero, **pagué** el boleto y **comencé** el viaje.
> *I took out money, paid for the ticket, and began the trip.*

10 For each sentence describing Javier's bad experience at the airport, write one about how well things went for you.

MODELO Javier llegó tarde al aeropuerto. **Yo llegué temprano.**

1. Javier no comenzó el viaje a tiempo. _____

2. Javier no sacó dinero del banco. _____

3. Javier no almorzó antes de salir de casa. _____

4. Javier no buscó el vuelo en la pantalla. _____

5. Javier no pagó el impuesto *(tax)* del aeropuerto. _____

6. Javier colgó su cámara y la perdió. _____

11 Julia escribió una tarjeta a su amiga. Complétala con la forma correcta del pretérito de los verbos entre paréntesis.

> **Hola Mari: Ya estoy en el avión.** (1)_____ (llegar) al aeropuerto temprano. Primero (2)_____ (sacar) la tarjeta de embarque y (3)_____ (facturar) la maleta. Después (4)_____ (buscar) la puerta de mi vuelo. Antes de ir a la sala de espera, (5)_____ (pagar) una fortuna para algo de leer durante el viaje. En el avión (6)_____ (encontrar) un asiento (seat) al lado de la ventana y (7)_____ (almorzar) muy bien. ¡Qué bien (8)_____ (comenzar) mi viaje!

The preterite of *hacer*

- **Hacer** *(to make, to do)* is irregular in the preterite. Don't forget that questions with **hacer** are often answered with another verb.

yo	**hice**	nosotros(as)	**hicimos**
tú	**hiciste**	vosotros(as)	**hicisteis**
usted/él/ella	**hizo**	ustedes/ellos/ellas	**hicieron**

¿Qué **hiciste** anoche? **Fui** al cine.
What did you do last night? I went to the movies.

- Remember the weather expressions using **hacer.** In the preterite, **hace** in these expressions becomes **hizo.**

Hoy **hace** buen tiempo. Ayer **hizo** frío.
It's nice today. Yesterday it was cold.

- When referring to the past, the weather expressions **llueve** and **nieva** become **llovió** and **nevó.**

Ayer no **nevó.**   Ayer **llovió.**
Yesterday it didn't snow.   *Yesterday it rained.*

---

12 La semana pasada comenzó a hacer frío. Lee el pronóstico *(forecast)* y describe el tiempo para cada día.

domingo	lunes	martes	miércoles	jueves	viernes
☀	☀	〰	🌧	❄	☀
85°	70°	55°	41°	30°	32°

MODELO El domingo **hizo sol y calor.**

1. El lunes _____

2. El miércoles _____

3. El jueves _____

13 Contesta las siguientes preguntas en oraciones completas.

1. ¿Hiciste la cama esta mañana? _____

2. ¿Quién hizo la cena en tu casa anoche? _____

_____

3. ¿Cuándo hiciste la tarea ayer? _____

4. ¿Tus amigos y tú hicieron planes para el fin de semana? _____

¡A viajar!

14 Mira el horario *(schedule)* de Miguel para un día de vacaciones. Luego, escribe **cierto** o **falso** antes de cada oración.

Mañana		Tarde	
8:00	desayunar	12:00	almorzar en el zoológico
9:00	ir de pesca	2:00	ir a la oficina de correos
11:00	ir al zoológico	3:00	pasear en canoa en el lago
		5:00	acampar al lado del lago

_____ **1.** A las nueve Miguel tiene que ir al centro.

_____ **2.** Después de cenar, Miguel pasea en canoa.

_____ **3.** Miguel ve muchos animales este día.

_____ **4.** Miguel va a acampar esta noche.

_____ **5.** Hoy Miguel va a recorrer la isla.

_____ **6.** Miguel va a mandar una tarjeta postal.

15 Mira los dibujos. Luego, escribe qué está haciendo cada persona que ves en los dibujos.

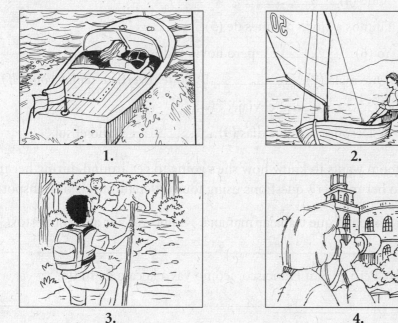

1.   2.

3.   4.

1. _____

2. _____

3. _____

4. _____

VOCABULARIO 2

16 Escoge el medio de transporte más lógico para cada persona.

_____ **1.** Dora quiere evitar *(avoid)* el tráfico de la ciudad.

_____ **2.** Jazmín pasea por el río Mississippi.

_____ **3.** Julio va de California a Hawaii.

_____ **4.** Lourdes viaja de Barcelona a Madrid.

_____ **5.** Daniel va al centro todos los días.

_____ **6.** Raúl lleva cuatro maletas al aeropuerto.

a. el barco
b. el tren
c. el taxi
d. el metro
e. el avión
f. el autobús

17 Pilar pasó unas vacaciones de verano muy buenas. Yolanda las pasó mal.
Completa su conversación con palabras de la caja.

diversiones	**horrible**	**fue**	**por fin**	**acampé**
qué tal	**durante**	**hicieron**	**suerte**	

Pilar   Hola, Yolanda. ¿(1)_____ el viaje de verano?

Yolanda   ¡Fue (2)_____!

Pilar   ¿Sí? Lo siento. Mi viaje (3)_____ estupendo.

Yolanda   ¿Qué (4)_____?

Pilar   Fuimos a cinco parques de (5)_____.

Yolanda   Yo (6)_____ pero llovió todos los días.

Pilar   ¡Qué mala (7)_____! ¿No te divertiste *(enjoy yourself)*

            (8)_____ el viaje?

Yolanda   Sí. Después de unos días (9)_____ salió el sol.

18 Clarissa's mom wants to know how she's going to get around during her trip.
Respond to her mother's questions using four different means of transportation.

—Clarissa, yo tengo que trabajar mañana. ¿Cómo vas a ir al aeropuerto?

—(1)_____

—Muy bien. Pero en San Francisco, ¿cómo vas a la casa de tu tío?

—(2)_____

—Vas a ver la isla de Alcatraz, ¿no? ¿Cómo?

—(3)_____

—¿Cómo vas a recorrer la ciudad?

—(4)_____

(**116**)

19 Belén is telling you about her vacation. Respond to each of her statements below with an appropriate exclamation.

_____ **1.** Llovió casi todos los días en Cancún.
    a. ¡Qué lástima!   **b.** ¡Qué bien!

_____ **2.** Un huracán *(hurricane)* pasó cerca pero no llegó a Cancún.
    a. ¡Qué lástima!   **b.** ¡Ah, tuviste suerte!

_____ **3.** El último día el sol salió y vimos las ruinas mayas.
    a. ¡Qué horrible!   **b.** ¡Qué fantástico!

_____ **4.** Por la noche fuimos a la playa a bailar.
    a. ¡Qué divertido!   **b.** ¡Qué mala suerte!

20 Tus amigos no saben qué hacer para las vacaciones. Escribe una recomendación de algo divertido para cada uno.

MODELO Me gusta comer pescado. **Debes ir de pesca.**

1. Me encanta el arte. _____

2. Soy atlético y me gusta el agua. _____

3. Me gusta tomar el sol. _____

4. Quiero estar lejos de la ciudad. _____

5. Quiero ir a muchos lugares de interés. _____

6. Quiero conocer la ciudad. _____

21 Usa las expresiones del cuadro para decir que quieres ir a estos lugares.

algún	conocer	suerte	espero	viaje

MODELO Perú **Algún día me gustaría hacer un viaje a Perú.**

1. un parque de diversiones _____

_____

2. las islas de Hawaii _____

_____

3. la ciudad de Nueva York _____

_____

4. Roma _____

_____

5. las montañas de los Andes _____

_____

   117

¡A viajar!

Informal commands of spelling-change and irregular verbs

- Some command forms of verbs that end in **-ger, -gir, -guir, -car, -gar** and **-zar** have spelling changes.

Verb ending	Change	Affirmative	Negative
-ger, -gir	**g** to **j**	reco**ge**	no reco**j**as
-guir	**gu** to **g**	si**gue**	no si**g**as
-car	**c** to **qu**	bus**ca**	no bus**qu**es
-gar	**g** to **gu**	lle**ga**	no lle**gu**es
-zar	**z** to **c**	empie**za**	no empie**c**es

No bus**qu**es mi equipaje ni reco**j**as mi maleta.
Don't look for my luggage, and don't pick up my suitcase.

- The informal command forms for the following verbs are irregular.

Verb	Affirmative	Negative
hacer	**haz**	no **hagas**
ir	**ve**	no **vayas**
poner	**pon**	no **pongas**
salir	**sal**	no **salgas**
ser	**sé**	no **seas**
tener	**ten**	no **tengas**
venir	**ven**	no **vengas**

Pon el equipaje en el taxi. No te **vayas** en autobús.
Put the luggage in the taxi. Don't go in a bus.

---

22 Sammy y su hermana están de vacaciones en Boston. Él quiere salir pero ella quiere pasar el rato en el hotel. Escribe la forma correcta de cada mandato *(command)* que da Sammy a su hermana. Busca los verbos en el cuadro.

venir	salir	empezar	ponerse	ser	buscar

1. Rosa, _____ conmigo a conocer la ciudad.

2. ¿No quieres conocer la ciudad? ¡No _____ perezosa!

3. _____ al museo conmigo.

4. No _____ el dinero. Yo lo tengo.

5. _____ a vestirte para irnos.

6. Llueve y hace frío. _____ las botas.

Holt Spanish 1

Cuaderno de vocabulario y gramática

GRAMÁTICA 2

> **Review of direct object pronouns**
>
> • Direct object pronouns go either before a conjugated verb or after an infinitive.
>
>   Éste es el museo. ¿**Lo** conoces? Vamos a visitar**lo**.
>   *This is the museum. Do you know it? We're going to visit it.*
>
> • The direct object pronoun is attached at the end of the verb in affirmative commands. In negative commands, it is placed before the conjugated verb.
>
>   Allí está la cámara. Pon**la** en la bolsa. No **la** dejes en el hotel.
>   *There's the camera. Put it in the bag. Don't leave it in the hotel.*

23 Contesta cada pregunta usando un pronombre de complemento directo *(direct object pronoun)*.

MODELO ¿Dónde consiguen las tarjetas de embarque los pasajeros?
Las consiguen en el mostrador.

1. ¿Quién va a recoger la maleta? _____

2. ¿Dónde dejaste el carnet de identidad? _____

_____

3. ¿Dónde busca Álvaro el vuelo? _____

_____

4. ¿Dónde enseñan los pasaportes? _____

_____

5. ¿Quién va a recoger las maletas? _____

_____

24 Usa el verbo en paréntesis para decirle a Marco lo que tiene que hacer. Usa mandatos afirmativos y negativos con pronombres de complemento directo.

MODELO Marisa quiere la maleta. (traer) **Tráela.**

1. Sandra no está en el hotel. (no llamar) _____

2. Tú quieres visitar a tus amigos. (visitar) _____

3. Yo necesito el boleto. (traer) _____

4. El almuerzo en el hotel está riquísimo. (comer) _____

5. Teresa y Marta no necesitan un taxi. (no conseguir) _____

6. Quieres unas fotos. (sacar) _____

(119)

GRAMÁTICA 2

Review of verbs followed by infinitives

• Use these verbs + an infinitive to express wants, hopes and plans.

me (te, le...) gustaría	*would like to*
me (te, le...) gustaría más	*would prefer to*
querer	*to want to*
esperar	*to hope to*
pensar	*to plan (intend) to*

Me gustaría recorrer la ciudad. *I would like to tour the city.*
Los jóvenes **quieren salir.** *The young people want to go out.*
Espero ir de compras. *I hope to go shopping.*
Pensamos regresar temprano. *We plan (intend) to return early.*

• **Tener que** + an infinitive means that someone has to do something.

Tengo que trabajar pero me gustaría más pasear en bote de vela.
I have to work, but I would prefer to go sailing.

---

25 Para cada oración, indica si las personas hablan de **a) un deseo** o **b) una necesidad** (*a necessity*).

_____ **1.** Tengo que comprar unos boletos mañana.

_____ **2.** A Tía Rosario le gustaría visitar las ruinas incaicas.

_____ **3.** Eduardo y Carlos esperan recorrer Europa en bicicleta.

_____ **4.** Roberto y tú tienen que pasar el verano en la ciudad.

_____ **5.** Marina piensa pasear en lancha.

_____ **6.** Yo quiero viajar a Florida.

_____ **7.** Tenemos que quedarnos en un hotel en el centro.

26 Imagínate que estás de vacaciones. Contesta las preguntas en oraciones completas.

1. ¿Qué quieres hacer este año para las vacaciones? _____

_____

2. ¿Adónde te gustaría viajar? _____

3. ¿Piensas ir al zoológico? _____

4. ¿Te gustaría más ir a un museo? _____

5. ¿Esperas sacar muchas fotos? _____

_____

(120)